KB205556

숨겨진 보화

II

숨겨진
보화 II

초판 1쇄   2010년 4월 6일

김광덕 지음

발 행 인 | 신경하
편 집 인 | 김광덕

펴 낸 곳 | 도서출판 kmc
등록번호 | 제2-1607호
등록일자 | 1993년 9월 4일

(100-101) 서울특별시 중구 태평로1가 64-8 감리회관 16층
(재)기독교대한감리회 출판국

대표전화 | 02-399-2008, 02-399-4365(팩스)
홈페이지 | http://www.kmcmall.co.kr
            http://www.kmc.or.kr

디자인 · 인쇄 | 리더스 커뮤니케이션 02)2123-9996/7

값 6,000원
ISBN 978-89-8430-469-7 04230
ISBN 978-89-8430-468-0 (세트)

'책만 읽어도'
160만 감리교회 독서운동에 참여합시다

숨겨진 보화

II

김광덕 지음

kmc

개문유수(開門流水)의 삶을 한 말씀으로 표현한다면 히브리서 5장 8~9절입니다.

"그가 아들이시면서도 받으신 고난으로 순종함을 배워서 온전하게 되셨은즉 자기에게 순종하는 모든 자에게 영원한 구원에 근원이 되시고"

자랑스러운 감리교회 출판국(도서출판 kmc)의 미션은 성령의 인도하심에 순종입니다.

첫째는 한국교회 최고 오래된 역사를 자랑하는 「하늘양식」을 통한 가정예배운동 활성화를 위하여 「숨겨진 보화 I」('가정예배' 어떻게 회복할 것인가?)를 출간하게 하셨습니다.

두 번째는 6,000감리교회 독서운동인 '책만 읽어도' 활성화를 위한 열매로 「숨겨진 보화 II」('책만 읽어도' 160만 감리교회 독서운동에 참여합시다)를 출간하게 하셨습니다.

'책만 읽어도' 개인과 가정은 행복합니다.
　　　　인생은 성공합니다.
　　　　교회는 부흥합니다.

예수님 닮고 싶어! 예수님처럼 살고 싶어! 책 읽는 즐거움 속에 빠짐으로 베풀어 주신 은혜와 축복을 혼자 간직하기에는 거절할 수 없고 견딜 수 없어 '책만 읽어도' 6,000교회 160만 감리교회 독서운동을 시작하였고, 자랑스러운 감리교회 교단지인 「기독교세계」에 매월 편집부의 이름으로 글을 올리게 되었습니다.

심오한 뜻을 품은 논문도 아니고 미사여구의 해설의 글도 아닙니다. 받은 축복과 은혜를 전하고 나눔으로 오병이어의 역사를 이루고, 소년 다윗의 손에 들려진 "물맷돌"이 되어 21세기 존 웨슬리의 영성으로 지상명령(마 28:18~20)을 이루는 한국 감리교회의 꿈을 안고 작은 책을 출간하게 되었습니다.

문득 그 옛날 소년시절에 배운 옛글이 생각이 납니다.

"안광(眼光)이 지배(紙背)를 철(徹)한다."

개문유수(開門流水)의 축복이 넘치시기를 기원합니다.

출판국(도서출판 kmc)

총무 **김광덕** 목사

차례

'책만 읽어도'
160만 감리교회 독서운동

6,000교회 160만 감리교회가 존 웨슬리의 전기 한 권씩만 정독한다면! 생각만 해도 가슴이 벅차오릅니다. 모든 목사님들이 가슴에 타오르는 사랑의 불씨가 되어 가슴으로 목회를 시작하면 됩니다. 가장 쉽고도 보편적인 사역이 있다면 "전교인 독서운동"입니다. 좀 더 풀어 해석한다면 "큰 인물 전기 읽기"를 지금 시작하는 것입니다. 깜짝 놀랄 기적이 일어날 것입니다. 조금은 시간이 필요하지만 가랑비에 옷이 젖듯이 반드시 일어날 것입니다.

'책만 읽어도 운동'을 시작하며

"사람은 책을 만들고 책은 사람을 만든다."는 말이 있습니다. 마르쿠스 툴리우스 키케로는 "책이 없는 방은 영혼이 없는 육체와 같다."고 했으며 문학평론가 이어령 박사는 "독서란 한 마디로 산소입니다. 독서를 안 하는 사람은 하나님이 주신 풍부한 산소를 마시지 않고 숨을 안 쉬겠다고 주장하는 것과 같습니다."라고 고백하였습니다. 고도원(아침편지 문화재단)은 "독서는 밥과 똑같아요. 어제 먹은 좋은 밥 한 그릇이 평생을 보장 못합니다. 정신도 마찬가지입니다. 때가 되면 읽어 줘야 합니다."라고 말했습니다.

사랑하고 존경하는 감리교회 동역자(9,490명) 여러분! 160만 성도* 여러분! 새해에는 책과 함께하는 해로 정하시기를 부탁드립니다.

사랑하는 조국 대한민국과 세계의 희망은 자랑스러운 웨슬리의

---

* '기독교대한감리회 2009년도 교세현황'(선교국 제공)에 따르면 교인수 1,563,993명, 교역자수 9,597명으로 총 1,573,590명입니다. 출판국은 160만 감리교인을 지향하는 독서운동을 실시하고 있습니다.

후예인 기독교대한감리회에 있습니다.

존 웨슬리는 대학생활에서 400여 권의 책을 읽었으며, 그렇게도 분주한 전도자의 생활 중에도 일생 동안 1,000여 권 이상의 책을 읽었습니다. 그는 한마디로 독서광이었으며, 책벌레였습니다. 그는 세 사람이 쓴 책을 읽었고 그들을 영적 교사로 삼았습니다. 중세기 수도원 성자이며 신비주의자인 토마스 아 켐피스와 신비주의 영성가인 제레미 테일러, 옥스퍼드대학 교수이며 자신의 스승인 윌리엄 로우의 책입니다. 존 웨슬리의 독서는 지식이 목적이 아니라 경건이 목적이었습니다. 독서는 경건에 이르는 길이었으며 실천신학이었습니다. 그래서 그는 아무 책이나 읽는 것이 아니라 독서계획표를 만들어서 체계적으로 읽었습니다.

메도디스트 설교자들에게도 성경만이 아니라 다방면으로 폭넓은 독서를 하라고 권고하였습니다(김진두 저 「존 웨슬리의 생애」). 구두수선공이었던 근대 선교의 아버지 윌리엄 케리와 미국 최고의 대통령인 링컨도 어린 시절 읽었던 4권의 책이 그들의 위대한 스승이었음을 고백합니다.

'책만 읽어도' 개인과 가정은 행복합니다. 인생은 성공합니다. 교회는 부흥합니다. 물마시고 밥을 먹듯이 책을 읽어야 합니다. 세계로 나아가는 희망의 감리교회가 될 것입니다. 세계는 나의 교구이고 우리는 모두 선교사입니다. (2007년 1월)

독서운동은 하나님의 은혜입니다

우리나라 최대 부수를 자랑하는 ○○일보는 2007년 신년특집 "책 읽는 사회가 지식강국" 시리즈(전 3회)를 연재하면서 첫 번째 아이템으로 "거실을 서재로"를 내세웠습니다.

"한국을 잘 아는 외국인들은 '명절날 어렵게 모인 식구들이 TV만 쳐다보며 앉아 있는 모습은 도저히 이해가 안 간다.'고 합니다. 미국에서는 "일주일에 하루 TV 안 보기 운동"까지 펼치고 있습니다. 거실에서 TV를 없앱시다. 가족 간의 대화를 앗아가는 주범인 TV와 컴퓨터를 안방으로 물리고 그 자리에 책장을 마련합시다. 단 10권으로 좋습니다. 본 사는 이 운동에 참여하는 독자 여러분을 지원하는 방안을 조만간 발표할 것입니다. 독자 여러분, 책을 읽지 않는 사회에 미래는 없습니다. 온 가족이 사랑의 공간, 대화의 공간인 거실에 둘러앉아 책을 펼칠 수 있는 세계로 즐겁게 나들이합시다."

이 신문보다 먼저 출판국(도서출판 kmc)은 '희망의 도서관 운동'을 시작하였습니다. 그러나 열악한 경제형편으로 1,000만 원씩 지원하는 도서관 설립의 효율성과 시간성 그리고 제약성 때문에 발전적으로 '책만 읽어도' 160만 감리교회 독서운동을 시작한 것입니다. 특별히 이 신문이 시작하기 전 시대를 앞서 희망의 메시지를 전하는 감리교회가 독서운동의 문을 열게 된 것은 결코 우연이 아니고 하나님의 은혜입니다. 컴퓨터와 TV에는 영성이 없습니다. 영성을 타락시키고 지성을 잠재울 뿐 아니라 육체의 건강도 약화시키는 마력(魔力)이 있습니다. 국민 4명 중 1명, 한 해 한 권의 책도 안 읽는 나라가 IT세계 최강국이라니 보통 문제가 아닙니다. 출판국을 방문한 전국 기독교 서점 협회 회장과 총무이신 장로님의 염려스런 고백입니다. 세상의 불신자보다 하늘백성인 성도의 독서량이 10%라는 슬픈 이야기입니다. 물론 책 중의 책인 성경책을 많이 읽는다면 얼마나 좋겠습니까? 큰일 났습니다.

사랑하고 존경하는 감리교회 동역자 여러분! 160만 성도 여러분!
오늘부터 '책만 읽어도' 160만 감리교회 독서운동에 동참합시다. '책만 읽어도' 개인과 가정은 행복합니다. 인생은 성공합니다. 교회는 부흥합니다. 물마시고 밥을 먹듯이 책을 읽어야 합니다. 세계로 나아가는 희망의 감리교회가 될 것입니다. 세계는 나의 교구이고 우리는 모두 선교사입니다. (2007년 2월)

큰 강, 큰 그릇

실개천에는 송사리나 미꾸라지는 살 수 있어도 큰 고기는 살 수 없습니다. 사실 한국교회에 시대적으로 고래와 같은 큰 인물이 나와야 할 때입니다. 큰 강이 흘러넘쳐 바다가 되듯 이제 교회도 바다로 준비되어야 합니다. 그곳에는 큰 고기, 작은 고기, 수많은 생물과 고기 떼가 행복하게 살게 마련입니다. 그것이 자연법칙이고 성경적 진리입니다. 하나님께서는 준비된 그릇의 크기만큼 쓰십니다. 그런 의미에서 책을 읽는 사람은 큰 강이고 바다입니다. 큰 그릇, 깨끗한 그릇이 될 수밖에 없습니다. '책만 읽어도' 160만 감리교회 독서운동 1호 교회인 한서교회(담임 현재호 목사)는 큰 교회입니다.

한서교회 주보에 기재된 "목회서신"을 소개해드립니다.

"한국교회의 진정한 부흥은 '책 읽기 운동'으로 다시 한 번 지펴야 합니다. 성령운동이 교회에 대한 열심과 헌신으로 이어지는 가운데 마음의 양식을 쌓아가는 일에 등한히 했던 일이 그리스도인의 삶을 변화시키고 성화에 이르게 하는 거룩한 행전을 가로막은 것입니다. 늦은 감이 있지만 이제부터라도 좋은 신앙서적을 통하여 신앙생활에 대한 감동과 도전을 얻고 그리스도인으로서의 신앙과 삶을 새롭게 해야 합니다. 그런 의미에서 지난 주일에 실시한 도서헌금을 2월 11일 주일에 한 번 더 실시하여 책을 구입하고자 합니다. 곧 책장과 함께 담당부서의 책임 관리자를 선정하고 매주 대출할 것입니다. 한국교회 성도의 가정이 책을 읽는 성도, 책 읽는 가정이 되기까지 한서교회가 앞장서서 '책 읽기 운동'에 모범을 보입시다. 때맞추어 감리회 본부 출판국에서 '책만 읽어도' 운동을 전개하고 있습니다. 1월 28일 도서헌금으로 구입한 도서목록입니다.(이하 생략) 2007년은 교회설립 90주년을 기념하는 해입니다. 이 깊은 산골에 이렇게 멋진(?) 교회를 세워주신 하나님의 은혜에 우리의 믿음을 세워갑시다."(2007.2.4)

사랑하고 존경하는 감리교회 동역자 여러분! 160만 성도 여러분!

오늘부터 '책만 읽어도' 160만 감리교회 독서운동에 동참합시다. '책만 읽어도' 개인과 가정은 행복합니다. 인생은 성공합니다. 교회는 부흥합니다. 물마시고 밥을 먹듯이 책을 읽어야 합니다. 세계로 나아가는 희망의 감리교회가 될 것입니다. 세계는 나의 교구이고 우리는 모두 선교사입니다. (2007년 3월)

책만 읽어도

인류의 멘토, 인류의 스승

"내일 종말이 온다 해도 나는 오늘 사과나무를 심겠다."는 스피노자의 말을 떠올리며 오늘 나는 무엇을 할 것인가? 생각합니다.

치과의사 이윤정(35세)의 블로그 〈오도리 미소짱〉은 입소문이 퍼져 28만 명이 찾았고, 하루 방문객만 300명이 넘는다고 합니다. 하루 대부분을 병원에서 보내는 대표적인 '직장맘' 이지만 자기 전 3분씩 양치질 하듯, 매일 30분씩 아기와 함께 책을 읽자고 강조합니다. 아기가 태어나서 한 달 후부터 책을 읽어주기 시작했을 정도로 이 씨의 '독서육아' 는 유별납니다. "책을 사랑하게 만드는 것은 부모가 줄 수 있는 가장 큰 선물"이라고 생각하기 때문에 아무리 피곤해도 자기 전 30분~1시간 책을 읽어준다는 것입니다.

최근에 발간된 「미테랑 평전」은 1970년대부터 미테랑을 보좌한 자크 아탈리가 저술한 전기입니다. 자크 아탈리는 책을 좋아하는 미테랑을 따라 자주 서점순례를 다녔답니다. 장정이 아름다운 책들을 쓰다듬고 희귀본을 훑어보면서 책을 구입한 미테랑 대통령은 분주한 일정 가운데도 엘리제궁의 조용한 방에 몸을 숨기고 졸라와 모파상, 바르베도르비이의 소설을 읽었답니다. 일주일에 보통 네댓 권의 책을 독파할 뿐 아니라 점심자리에 문인들을 초대하고 여행 때도 작가들을 동반했다고 합니다. 프랑스 5공화국 사상 첫 좌우 동거정부를 이끈 미테랑의 정치력이 이런 독서에서 나온 것임을 부인할 수 없을 것입니다.

'책만 읽어도' 독서운동을 시작하면서 고민하는 기도의 제목은 "한국교회를 향한 소원"입니다. 성경 읽는다는 핑계로 대부분의 성도들은 독서를 하지 않습니다. 지성(知性)으로 영성(靈性)을 받쳐주지 못하니 텅 빈 성도가 열매입니다. 인터넷 도사(?)가 되어 여기저기서 퍼서 짜깁기한 설교가 가슴을 뜨겁게 할 수 없을 뿐 아니라 회개의 눈물을 흘리게 할 수 없습니다. 그렇다보니 1907년을 동경하고 사순절 십자가 고난과 부활의 아침을 외쳐도 울리는 꽹과리일 뿐입니다. 생명의 잉태와 출산은 요원한 것입니다.

책은 거짓말을 못합니다. 책을 쓰는 사람은 나무와 같기 때문입니다. 뿌리에서 싹이 돋고 줄기가 자라 잎새의 순이 자라고 꽃이 피어 열매가 영글듯 책 속에 그 사람이 있습니다. 그러므로 좋은 책은 인류의 멘토요, 스승입니다. 번역만 잘하면 노벨상감인 박경리의 「토지」(土地) 21권에는 저자의 삶과 영혼이 담겨 있습니다. 시오노 나나미의 로마인의 이야기 15권에는 무섭고도 위대한 일본인 저자의 숨결이 배어 있습니다.

　출판국에서 매월 발간하는 「기독교세계」는 희망의 감리교회를 세우기 위한 몸부림이 녹아 있음을 느끼게 할 것입니다. 3월에 도서출판 kmc에서 출산한 욥기강해 「귀로 듣다가 눈으로 뵈오니」(김흥규 지음)는 평생을 읽고 배우고 외쳐도 어렵기만 한 "욥기"를 심 봉사 눈뜨게 하듯 탁월한 저자의 지성과 영성에 탄성을 자아내게 할 것입니다. 조경철 교수가 번역한 「감리교회 신학」은 신국판 592쪽의 부피에 놀라지 말고 정독한다면 왜 이 책이 전 세계 감리교회의 필독서가 되었는가를 깨닫게 될 것이며, 타 교파의 목회자나 성도들 역시 "아! 역시 감리교회네. 자랑스러워할 만하다."라고 느끼게 될 것입니다. 폐일언하고 책에서 컴퓨터처럼 정보를 얻으려 하니, 독서삼매경에 몰입할 수 없는 것입니다.

　사랑하고 존경하는 감리교회 동역자 여러분! 160만 성도 여러분!
　오늘부터 '책만 읽어도' 160만 감리교회 독서운동에 동참합시다. 물마시고 밥을 먹듯이 책을 읽어야 합니다. 세계로 나아가는 희망의 감리교회가 될 것입니다. 세계는 나의 교구이고 우리는 모두 선교사입니다. (2007년 4월)

세상에서 가장 아름다운 인테리어

포스터를 만들고 신문과 방송에 홍보하면 좀 더 빨리 '책만 읽어도' 160만 감리교회 독서운동이 파급될 것입니다. 그러나 알면서도 하지 못하는 안타까움이 있습니다. 확신하는 것은 독서운동은 프로젝트로 될 일이 아니라는 것입니다. 이 세상에서 중요한 일은 가랑비에 옷이 젖듯이 시간이 지나야 하고, 땀과 눈물과 피가 필요함을 알고 있기에 십자가를 지는 마음으로 이 글을 씁니다. 정말이지 6,000 감리교회 모든 목회자들과 160만 성도들이 책 읽는 일에 빠질 수만 있다면 날마다 새로워지는 감리교회, 든든히 서가는 감리교회, 세상과 세계로 나아가는 감리교회도 힘든 일이 아닙니다. 영적 각성의 해에 희망 프로젝트 실천이나, '신실한 감리교인' '영남선교대회' 역시 잡지 못하는 뜬 구름이 아니라 확실히 쏟아질 수밖에 없는 소낙비의 은혜가 임할 것입니다.

하루 동안 TV와 인터넷에 빠져 허우적거리는 시간과 에너지를 계산해 봅니다. 하늘나라는 정보가 필요 없습니다. 성경책 한 권이면 됩니다. 천국과 지옥을 방문했다는 천국정보전문가들치고 제대로 된 신앙인들이 드물다고도 합니다. 연구하는 학자들이나 통계나 정책을 입안하는 공무원들 그리고 백성을 감동시켜야 하는 정치가들, 새로운 학설을 발견하는 과학자들에게는 정보의 바다가 필요합니다. 그러나 땅을 밟고 살면서도 천국을 소망하는 믿음의 사람들에게는 정보의 바다보다는 개울이나 시냇물이 더 만족스러울지도 모릅니다. 무릎으로 천국과 통하고, 말씀묵상 속에 하나님 사랑에 감격하여 눈물 흘리고, 나에게 주신 모든 것이 나의 것이 아니라 주의 것임을 믿는 신앙고백 속에, 나누고 베풀라는 명령에 순종하는 작은 자들이 모여 바다 같은 풍요로운 세상을 만들어 낼 것입니다.

21세기 종말의 시대를 사는 평범한 제자들의 행복은 간단합니다. 2000년 기독교 역사에 밤하늘의 별처럼 영롱하게 살았던 영성 대가들의 이야기, 그렇게도 경건하게 살려고 몸부림치며 바보처럼 살았던 처음 청교도들의 이야기는 TV보다 100배나 행복하고 인터넷보다 100배나 유익할 것입니다.

「천 권의 책을 읽으면 아송이처럼 시인이 된다」는 책이 있습니다. 책 속에 빠진 엄마와 아빠이기에 이름 짓기도 고상합니다. 배아송, 아송(雅頌)은 '창조'라는 뜻의 프랑스어 '크레아시옹'(creation)에서 두 글자를 따서 지은 이름인데 영어로는 '노래'라는 뜻의 'Ah song'이고 한자어로는 '아름다운 노래'라는 뜻의 '雅頌' 입니다. 아송이가 초등학교 저학년 때 지은 시 "유혹"의 전문입니다.

"유혹은 안 보인다.

유혹이 보이면 피할 거다.

유혹은 우리가 항상 방심할 때를 노린다.

그래서 거짓말을 하게 한다.

나쁜 유혹"

어쩌다 세상의 별인 스타(star)의 집을 속속들이 보여주는 TV프로그램을 봐도 서재를 꾸민 이들은 드뭅니다. 수많은 드라마가 쏟아지지만 무대배경에 서재를 보기란 쉽지 않습니다. 이 세상에서 가장 아름다운 인테리어는 책입니다. 윈스턴 처칠은 "책을 읽지 않으려면 그냥 냄새 맡고 만지고 쓰다듬기라도 하라. 책을 읽지 않고 단지 제목만 보아도 자라는 아이들에게 교육이 될 것이다."라고 하였습니다. 금세기 최고의 부자이며 자선가인 빌 게이츠의 고백입니다. "지금의 나를 만든 것은 하버드대학 졸업장도 아니고(그는 스스로 중퇴함) 미국이라는 나라도 아니고 내 어머니도 아니다. 내가 살던 마을의 작은 도서관이었다." 정보기술(IT) 산업의 황제인 그는 100년이 지나도 200년이 지나도 결코 컴퓨터가 책을 대체할 수는 없다고 독서를 강조합니다.

얼마 전 미국에서 발표된 통계에 의하면 미국 CEO(최고경영자) 70% 이상이 학부과정에서 문학을 전공했으며 우리나라의 CEO들도 대부분 스스로 독서광이라고 말하며 책을 많이 읽는 사원을 선호한다고 고백합니다. 최고의 CEO는 한국교회의 품 안에서 나와야 합니다. 그리고 최고의 CEO는 교회를 섬기는 목회자와 중직자들일 것입니다. 그들은 모두 하늘나라 건설 책임자들이기 때문입니다.

진작 깨닫고 실천했으면 얼마나 좋았을까? 「그리스인 조르바」에 나오는 잠언 한 토막이 가슴을 저리게 합니다. "태양이여! 무엇이 바빠 그리도 빨리 서산에 지는고!" 그러나 우리 모두에게 시간과 기회를 주신 하나님을 찬양합니다.

오늘부터 '책만 읽어도' 160만 감리교회 독서운동에 동참합시다. 물마시고 밥을 먹듯이 책을 읽어야 합니다. 21세기는 존 웨슬리 후예들의 어깨에 놓여 있습니다. 세계는 나의 교구이고 우리는 모두 선교사입니다. (2007년 5월)

최고의 기도 제목

올해 ○○일보사와 대한출판문화협회는 "거실을 서재로" 캠페인을 시작했는데 열흘 만에 2만여 명이 넘는 가정이 폭발적으로 참여했다고 합니다.

"우리 국민들이 가지고 있는 따뜻한 가족 문화와 보다 나은 삶에 대한 갈망을 '거실을 서재로' 캠페인이 건드렸기 때문이라고 생각합니다. '거실을 서재로' 캠페인은 지금까지 어느 나라에서도 볼 수 없었던 세계 초유의 독서문화운동입니다."(○○일보 발행인 : 김문순)

그런 의미에서 출판국이 시작한 '책만 읽어도' 160만 감리교회 독서운동은 자녀 교육에 목말라 하는 한국사회의 소망이고, 한국 감리교회의 희망일 뿐 아니라 성령님께서 시작하신 역사임을 확신합니다. 이제 지역교회 목회자들이 감동받아 시작하시면 됩니다. 매년 교회학교 어린이와 청소년들의 숫자는 줄어들고 컴퓨터와 내신 성적과

입시, 그리고 영어공부에 자녀들의 영혼은 비틀거리고 있습니다.

부모 세상 떠나 천국에 갈 때 당신 자녀들이 시와 노래는 어떻게 부르며, 아름다운 하늘 왕국 건축가로 쓰임 받게 될 것인가는 최고의 기도 제목이요, 미션(mission)입니다. 그런 의미에서 '어린이'란 단어를 최초로 사용하고 한국의 '어린이 날'(1923년 5월 1일)을 창시한 소파 방정환 선생은 위대한 민족의 선구자이십니다. 한국인구의 고령화와 함께 저출산 세계 1위라는 위기감 속에서 교회의 사명은 만입이 있어도 말 못할 비전이요, 무거운 희망의 십자가인 것입니다. 그런 의미에서 대한민국 어린이 헌장을 되새겨 보아야 합니다.

1. 어린이는 건전하게 태어나 따뜻한 가정에서 사랑 속에 자라야 한다.
2. 어린이는 고른 영양을 취하고 질병의 예방과 치료를 받으며 맑고 깨끗한 환경에서 살아야 한다.
3. 어린이는 좋은 교육시설에서 개인의 능력과 소질에 따라 교육을 받아야 한다.
4. 어린이는 빛나는 우리 문화를 이어 받아 새롭게 창조하고 널리 펴나가는 힘을 길러야 한다.
5. 어린이는 즐겁고 유익한 놀이와 오락을 위한 시설과 공간을 제공받아야 한다.
6. 어린이는 즐겁고 예절과 질서를 지키며 한겨레로서 서로 돕고 스스

로 이기며 책임을 다하는 민주시민으로 길러져야 한다.

7. 어린이는 자연과 예술을 사랑하고 과학을 탐구하는 마음과 태도를 길러야 한다.

8. 어린이는 해로운 사회 환경과 위험으로부터 먼저 보호되어야 한다.

9. 어린이는 학대를 받거나 버림을 당해서도 안 되고 나쁜 일과 힘겨운 노동에 이용되지 말아야 한다.

10. 몸이나 마음에 장애를 가진 아이는 필요한 교육과 치료를 받아야 하고 빗나간 어린이는 선도되어야 한다.

11. 어린이는 우리의 내일이며 소망이다. 나라의 앞날을 짊어질 한국인으로 인류의 평화에 이바지 할 수 있는 세계인으로 자라야 한다.

그러나 우리-부모와 기성세대 그리고 교회-의 현실은 어떠합니까? 빨리 빨리…! 일을 할 때도 놀 때도 먹을 때도 빨리 빨리…. 세상은 모든 일을 빠르게 처리하는 사람들을 중심으로 움직이고 결국은 미친 세상을 만들어 가고 있습니다.

이제 짙푸른 여름을 준비하는 청포도의 계절입니다. 피에르 쌍소는 「느리게 산다는 것의 의미」에서 다음과 같은 삶의 지혜를 알려줍니다.

"빈둥거릴 것-자기만의 시간을 가질 것, 들을 것-신뢰할 만한 다른 이의 목소리에 귀를 기울일 것, 권태-무의미할 때까지 반복되는 것을 받아들이고 취미를 가질 것, 꿈을 꿀 것-자기 안에 희미하나마 기민하고 예민한 하나의 의식을 자리 잡아 둘 것, 기다릴 것-가장 넓고도 큰 가능성을 열어둘 것, 마음의 고향-존재의 퇴색한 부분을 간직할 것, 쓸 것-마음속의 진실을 형상화할 것 …"

오늘부터 '책만 읽어도' 160만 감리교회 독서운동에 동참합시다.

물마시고 밥을 먹듯이 책을 읽어야 합니다. 책 읽는 목사, 책 읽는 부모, 책 읽는 선생, 책 읽는 교회가 되어야 합니다. 21세기는 존 웨슬리 후예들의 어깨에 놓여 있습니다. 세계는 나의 교구이고 우리는 모두 선교사입니다. (2007년 6월)

큰 인물 전기 읽기

삶이 고달파서일까? 최근에 만난 택시 기사의 고백입니다. "대한민국은 거대한 정신병동이고 정도의 차이는 있으나 모두 정신병자입니다." 호시탐탐 전도의 기회를 엿보던 목사는 눈 깜짝할 사이에 미친 X(?)이 되었으니 할 말이 없어졌습니다. 거대한 정신병동을 하나님의 멋진 세상으로 되돌릴 허준과 같은 의사가 될까요? 하나님은 하나님이 쓰시는 사람을 찾습니다. 보이지 않으면 키워내야 합니다.

"희망의 감리교회"를 위하여 고민해 봅니다. 기도하고 생각하면 답이 나오기 마련입니다. 성령님의 응답입니다. 순종해야 합니다. 행동해야 합니다. 언제나 진리는 등잔 밑에 있습니다.

6,000교회 160만 감리교회가 존 웨슬리의 전기 한 권씩만 정독한다면! 생각만 해도 가슴이 벅차오릅니다. 모든 목사님들이 가슴에 타오르는 사랑의 불씨가 되어 가슴으로 목회를 시작하면 됩니다. 가장 쉽고도 보편적인 사역이 있다면 "전교인 독서운동"입니다. 좀 더 풀어 해석한다면 "큰 인물 전기 읽기"를 지금 시작하는 것입니다. 깜짝

놀랄 기적이 일어날 것입니다. 조금은 시간이 필요하지만 가랑비에 옷이 젖듯이 반드시 일어날 것입니다.

예를 들어 보겠습니다. 고아의 아버지 조지 밀러(1805~1898)는 5만 번이나 기도 응답을 받은 선교사입니다. 젊은 시절 그는 방탕아였습니다. 그러나 20세에 회심을 경험하고, 25세에 선교사가 되었고, 30세에 고아원을 시작하였습니다. 93세에 소천하였으니 73년 동안 5만 번 기도응답이면 매일 두 번의 기도응답을 받은 것입니다. 그의 생애에 가장 큰 영향을 준 것은 전기 읽기였습니다.

첫 번째는 27세 때 읽은 프랑케의 전기입니다. 프랑케는 독일 경건주의 운동의 대표입니다. 그는 프러시아 할레에서 고아원을 시작하여 30년간 오직 하나님만 의지하는 믿음 선교로 2,000명 규모의 고아원을 운영하였습니다.

두 번째는 30세 때 읽은 존 뉴턴의 전기입니다. "나 같은 죄인 살리신" 찬송가를 작사한 18세기 영국에서 가장 크게 영향을 준 복음주의 지도자입니다. 우리가 아는 대로 그는 해적선의 선장이었습니다.

세 번째는 35세 때 접한 조지 휫필드 전기입니다. 18세기 가장 위대한 부흥사로 21세에 회심하고 22세에 설교자가 되어 56세 천국에 입성할 때까지 33년 동안 영국, 미국, 스코틀랜드, 웨일즈 아일랜드 등에서 불같은 말씀으로 존 웨슬리와 함께 쓰임 받았던 최고의 전도자입니다. 조지 뮬러는 휫필드의 경건 생활(무릎 꿇고 성경읽기와 성경을 근거로 기도하는 습관)을 멘토로 삼아 쓰임 받게 된 것입니다.

웨렌 웨어스비가 들려준 스코틀랜드의 로버트슨 니콜 목사(1851
~1923)의 이야기는 우리를 모두 비참하게 만들고 회개케 합니다. 그
는 영어권에서 글을 가장 많이 쓰고 가장 존경 받았던 "현대적인 종
교저널리즘의 아버지"이고 "강직한 성직자요, 설교자"입니다. 그는
하루에 두 권의 책을 읽고 일주일에 주간지 1부, 한 달에 3권의 월간
지 편집, 40권으로 된 엑스포지트 바이블과 엑스포지트 그릭 뉴 테스
트먼트를 지속적으로 편집하였으며, 마르쿠스도즈, 조지 애덤 스미
스, 에비 브루스, 알렉산더 맥클라렌의 대리 문필가였습니다. 그리고
자신이 직접 40권이 넘는 책을 저술하였으며 250권이 넘는 책의 출
판을 위해 자료를 수집하고 편집하였습니다.

우리와 똑같은 사람인데 참으로 놀랍기만 합니다. 그 근원과 뿌리
는 어디에 있는 무엇일까요? 그가 소장하고 있던 25,000권의 책과 5
천 권의 전기입니다. 그의 고백입니다. "나는 수년 동안 내 손에 닿는
모든 전기를 꾸준히 읽었는데 그 중 어느 것 하나 나에게 교훈을 주
지 않은 책이 없었다."

오늘부터 '책만 읽어도' 160만 감리교회 독서운동에 동참합시다.
물마시고 밥을 먹듯이 책을 읽어야 합니다. 책 읽는 목사, 책 읽는 부
모, 책 읽는 선생, 책 읽는 교회가 되어야 합니다. 21세기는 존 웨슬리
후예들의 어깨에 놓여 있습니다. 세계는 나의 교구이고 우리는 모두
선교사입니다. (2007년 7 · 8월)

독서의 새 출발을 기대하며

· 어떻게 하면 책 읽는 즐거움을 '우리 함께' 느끼게 할 것인가?

· 어떻게 하면 책 읽는 유익을 '우리 함께' 누리게 할 것인가?

· 어떻게 하면 책 읽는 문화를 '우리 함께' 일으킬 것인가?

· 어떻게 하면 책 읽는 교회를 '우리 함께' 세울 것인가?

· 어떻게 하면 책을 통하여 '우리 함께' 희망의 감리교회가 세계로 나아가게 할 것인가?

· 어떻게 하면 교회학교 어린이들이 책을 통하여 '우리 함께' 21세기 선교한국의 주역으로 쓰임 받을 것인가?

조금만 기도하고, 조금만 생각하고, 조금만 물어보고 연구하여, 조금만 실천한다면 계산할 수 없는 엄청난 보화의 주인공이 될 터인데, 안타까운 마음 금할 수가 없습니다. 짧지만 10년의 출판국(도서출판 kmc)의 역사 속에 존 웨슬리에 대한 도서만 열 손가락으로 세 번이 돼야 합니다. 전국 교회 목회자들이 섬기는 교회에서 존 웨슬리 도서

읽기 운동만이라도 일으킨다면 희망의 소낙비가 쏟아지고 부흥의 지진과 화산이 터질 터인데, 참으로 안타까워 큰 소리로 외쳐 봅니다.

'책만 읽어도' 개인과 가정은 행복합니다.
인생은 성공합니다.
교회는 부흥합니다.

자랑스러운 감리교회에 속한 우리 모두에게 희망의 나팔을 불어 봅니다. 독서의 계절이며 천고마비 계절인 가을, 옛 선비들처럼 부스러기 시간도 모으고 무익한 시간을 사정없이 포기하고 잘라버리는 독서의 새 출발을 기대합니다. 옛 조상 박지원의 「연암집」에 나오는 배움의 글입니다.

"책 앞에서는 하품을 하거나 기지개를 켜거나 침을 뱉지 말라. 만약 재채기가 나오면 고개를 돌려 책을 피한 다음 재채기를 하라. 책장을 넘길 때는 침을 바르지 말라. 또한 책에 손톱자국을 내어 표시하지 말라. 책을 베개로 쓰지 말고, 그릇을 덮지 말며, 흐트러뜨려 놓지도 말라. 책에 쌓인 먼지는 깨끗하게 털어내고 책을 좀먹는 벌레는 없애야 한다. 날씨가 화창한 날에는 즉시 책을 밖에 내다 말려라. 다른 사람에게서 빌려온 책에 잘못된 글자가 보이면 종잇조각을 끼워 넣고 바로잡은 글을 적어줄 일이다. 찢어진 곳이 있으면 붙여주고 책을 묶는

실이 끊어졌다면 정성스럽게 고쳐 돌려주어야 한다."

오늘부터 '책만 읽어도' 160만 감리교회 독서운동에 동참합시다.
물마시고 밥을 먹듯이 책을 읽어야 합니다. 책 읽는 목사, 책 읽는 부
모, 책 읽는 선생, 책 읽는 교회가 되어야 합니다. 21세기 세계선교는
존 웨슬리의 후예들의 어깨에 놓여 있습니다. 세계는 나의 교구이고
우리는 모두 선교사입니다. (2007년 9월)

📖

교회에 도서관을

제 1회 대한민국 도서관 축제가 잠실 올림픽 펜싱경기장에서 열렸습니다(9월 12~13일). 국민소득 2만 불을 자랑하는 나라에서 이제 시작이니 만시지탄이지만 빨리빨리 민족성이 있기에 전국적으로 불 일 듯 일어나게 될 것입니다.

한국 교회는 어서 빨리 시작하여 맛 잃은 소금으로 밟히고 있는 교회를 살려야 합니다. 교회는 교회를 위한 교회가 아니라 세상을 위한 교회입니다. 교회의 높은 담장을 허물고 지역 사회에 보여 주어야 합니다. 세상이 외면하는 교회가 되었음을 아프가니스탄 피랍사태의 주인공인 샘물교회를 통하여 뼈저리게 느껴야 합니다. 샘물교회와 담임목사가 한국 교회를 대표해서 십자가의 쓴 잔을 마신 것입니다.

"모든 교회를 도서관으로, 모든 가정을 도서관으로"

21세기 포스트모더니즘시대는 문화선교시대입니다. 부활의 주님을 만난 감격의 영성으로 빛처럼! 소금처럼! 누룩처럼! 되어야 합니다. 할 수 있습니다. 하면 됩니다. 국민의 독서량은 국가의 발전 속도와 비례합니다. 국민들의 독서량이 많을수록 국가의 발전이 앞당겨집니다. 한국과 일본의 국가발전 속도를 말할 때 두 나라 국민의 독서량과 연관 지어 비교하는 사례를 보면 알 수 있습니다. 최근 사례 조사에 따르면 우리나라 성인 한 사람의 1년간 평균 독서량이 0.7권인데 반해 일본은 21권으로 30배에 이른다고 합니다.

더욱 안타까운 사실은 1,000만 기독교인을 자랑하는 한국 교회 성도의 독서량은 불신자의 10%라는 통계치가 나왔습니다. 문서선교의 사명감으로 시작한 430여 곳의 기독서점은 중환자실의 환자 격이 되었습니다. 5천 년 역사에 4,700만을 대표하는 제 1회 도서관축제의 초라함 속에서도 출판국이 시작한 '책만 읽어도' 160만 감리교회 독서운동의 자부심과 확신, 감사로 넘치는 시간이었음을 고백합니다.

올해 강원도에 10개 마을 도서관이 개설됩니다. 경기도 파주시만 해도 중앙도서관이 있고 파주시 작은 도서관 협의회가 있습니다. 파주시의 작은 도서관 이름이 독특합니다. 거북 도서관, 꿈꾸는 교실 도서관, 꿀밤나무 도서관, 팜 스프링 아파트 봄 싹 도서관, 한라 비발디 아파트 도서관….

또한 아름다운 글귀로 책 읽는 분위기를 만들고 있습니다.

책으로 행복한 대전, 대전은 지금 독서 중 / 좋은 책, 좋은 삶, 좋은 세상(강원도) / 우리 마을에는 걸어서 갈 수 있는 작은 도서관이 있습니다(파주시) / 살아 있는 책, 꿈꾸는 도서관, 책 읽는 서울 / 우리 가족의 보물섬, 책이 있는 곳, 한 도서관 · 한 책읽기 프로그램(서울특별시) / 도서관 당신의 희망입니다(목포) / 내 삶을 풍요롭게 만드는 도서관(경기도) / 우리 교실을 도서관으로 만들어요(행복한 아침 독서 누리집) / 우리 마을 작은 도서관(부천지역 작은 도서관 협의회)

도서관 이름은 또 얼마나 아름다운지!
그리울 꿈 터 작은 도서관 / 꿈나무 가족 도서관 / 도란도란 어린이 도서관 / 동화기차 어린이 도서관 / 민들레 홀씨 작은 도서관 / 가족 도서관 보물단지 / 복사꽃 필 무렵 작은 도서관 / 소나무 푸른 도서관 / 사랑나무 가족 도서관 / 소새움 가족 도서관 / 새싹 어린이 도서관 / 약대 신나는 가족 도서관 / 아름드리 도서관 / 햇살이 가득한 도서관 / 행복한 도서관

꽃을 찾는 나비처럼 꿀을 빠는 꿀벌처럼 금을 캐는 광부처럼 책 속에서 마음의 양식을 얻는 사람들(나동환의 글)이라는 글이 행복하게 합니다. "우리 함께" 교회에 크고 작은 도서관을 세울 수 있습니다.

'책만 읽어도' 개인과 가정은 행복합니다. 인생은 성공합니다. 교회는 부흥합니다. 물마시고 밥을 먹듯이 책을 읽어야 합니다. 세계로 나아가는 희망의 감리교회가 될 것입니다. 세계는 나의 교구이고 우리는 모두 선교사입니다. (2007년 10월)

행복한 목회자, 부흥하는 교회 만들기

"책은 하나님의 은총의 도구입니다. 책을 읽으면 미래가 보입니다. 책을 읽을 줄 아는 사람은 그 미래를 감히 예측할 수 없습니다. 저는 책을 가까이하는 사람을 두려워합니다. 함부로 대하지 않습니다. 왜냐하면 미래에 어떤 인물이 될지 모르기 때문입니다. 어떤 영향력으로 역사의 무대에서 일할지 예측할 수 없기 때문입니다. 책 속에 길이 있습니다. 책 속에 비전이 있습니다. 책 속에 소망이 있습니다. 책 속에 미래가 있습니다. 책 속에 인생 문제의 해결책이 있습니다. 책 속에 아이디어가 있습니다. 책 속에 인류의 보고가 담겨 있습니다. 책 속에 하나님이 거하시고, 책 속에 시대를 초월한 훌륭한 인물들을 만나게 됩니다. 책 속에 우리 삶을 결정하는 가치관이 담겨 있고, 책 속에 영원한 세계가 담겨 있습니다. 책을 읽는다고 다 탁월한 인물이 되는 것은 아닙니다. 탁월한 인물이 되길 열망한다면 좋은 책을 선택해서 읽어야 합니다. 독초와 같은 책을 읽는다면 그 사람의 인생은 비참한 인생이 되고 말 것입니다. 한 사람의 생애는 그가 무엇을 읽었느냐에 따라 결정됩니다. 좋은 책을 읽으면 좋은 사람이 됩니다." -동양선교교회 강준민 목사의 「천천히 읽는 독서법」 中에서

한 달에 몇 권의 책을 읽어야 할까요?
한 주일에 몇 권의 책을 읽어야 할까요?
하루에 몇 권의 책을 읽어야 할까요?

출판국에서 발간한 존 웨슬리 전기 「존 웨슬리의 생애」(김진두 저) 한 권만 160만 감리교인이 읽을 수 있다면 감리교회는 희망으로 변화될 것입니다. 세계로 나아가는 감리교회가 될 것입니다.

출판국이 전개하는 '책만 읽어도' 독서운동은 존 웨슬리를 따라 행복한 목회자, 부흥하는 교회를 만들기 위한 운동입니다.

1. 교회별로 '책만 읽어도' 독서운동을 시작합니다.
2. 모든 교인이 교회에서 제공한 독서노트를 사용합니다.
3. 한 주간 한 권의 도서를 추천합니다.
4. 모든 기관마다 독서 책임자를 세웁니다.
5. 존 웨슬리에 대한 도서를 필독합니다.
6. 교회의 모든 시상품을 도서로 합니다.
7. 모든 목회자와 임원들은 자랑스러운 감리교회의 정체성 있는 도서

를 필독합니다.

8. '책만 읽어도' 독서운동을 시작한 교회는 단체 구입시 kmc도서를 50% 할인하여 드립니다.

9. 교회별로 독후감을 보내주시면, 선별하여 개인별로 시상하고 '아름다운 이야기'를 「기독교세계」에 게재하거나 별도의 책으로 만들어 보급합니다.

10. 출판국은 교회의 독서운동을 위해 〈지침안내서〉를 제공하고 첫 세미나를 지원합니다.

일 년여의 홍보기간을 거쳐 이제 구체적인 지원 프로그램을 마련하였습니다. 이 즐거운 잔치에 여러분을 초대합니다. 우리 함께 희망의 감리교회를 만들어갑시다.

'책만 읽어도' 160만 감리교회 독서운동에 동참합시다. 물마시고 밥을 먹듯이 책을 읽어야 합니다. 책 읽는 목사, 책 읽는 부모, 책 읽는 교사, 책 읽는 교회가 되어야 합니다. 21세기 세계 선교는 존 웨슬리 후예들의 어깨에 놓여 있습니다. 세계는 나의 교구이고 우리는 모두 선교사입니다. (2007년 11월)

속회공과와 하늘양식으로 현장을 살립시다

　　칼 바르트의 말처럼 예수를 믿는다는 것은 "나 같은 죄인 살리신 주 은혜 놀라워"(Amazing grace)입니다. 날마다 시간마다 놀라운(驚) 삶이 되어야 합니다. 그래서인지 초대 교회는 주후 4세기경까지 크리스마스가 없었습니다. 날마다 성령님의 임재 속에 크리스마스를 놀라운(驚, Amazing grace) 삶으로 체험했기 때문입니다. 그런 의미에서 또 다른 경(驚)은 무엇일까요? 지구촌에 존재하는 수많은 교회 중 존 웨슬리를 멘토로 모인 최고의 공동체인 감리교회를 섬기게 된 것입니다. 존 웨슬리의 영성은 종교개혁자 루터를 시작으로 칼뱅을 뛰어넘는 교회개혁의 완성이요, 마지막 세기에 주신 최고의 선물인줄 믿기 때문입니다. "성결이 행복이다."(Holiness is happiness) 외치며 기독교인의 완전으로 "세계는 나의 교구"로 살았던 존 웨슬리는 오늘 한국 교회를 치료하고 대위임령(Great Commission)을 이룰 수 있는 최고의 희망임을 확신합니다. "성서, 전통, 이성, 체험"의 감리교회 유산이 6,000교회 160만 성도의 가슴과 삶에 성육신화 될 때 21세기 대한민국을 통한 하나님의 소원이 반드시 이루어질 것입니다. 더도 말고 덜도 말고 감리교인처럼 되라고 주문했던 미국의 영웅 링컨 대통령의 말이 가슴을 떨리게 합니다. 그리고 이룰 수 없는 무지갯빛 희망이 아니라 믿음(믿음은 바라는 것들의 실상이요, 보이지 않는 것들의 증거니,히 11:1)이기에 외치고 전하는 것입니다. 개권유익(開卷有益, 책을 펴서 읽으면 반드시 이로움이 있다)이라는 말이 있습니다. 좋은 책은 스승이기에 존 웨슬리에 대한 책을 열면 존 웨슬리를 만납니다. 물론 성경을 열면 나의 주 예수 그리스도를 만나는 것입니다. 당나라 시인 두보(杜甫)는 남아수독오거서(男兒須讀五車書)라 했다면 하나님의 자녀는 어찌해야 합니까? 희망의 감리교회는 2008년을 어떻게 준비하고 맞이할 것입니까?

가슴에는 성경을!

오른손에 속회공과! 왼손에 하늘양식으로!

현장(가정, 직장)을 살려야 합니다.

성경에는 '우연'이란 단어가 없습니다. 피를 토하는 마음으로 권하는 "책만 읽어도 운동"에 어린아이처럼 동참하는 은혜가 넘치시기를 기도합니다. 2008년은 참으로 약속하신 "생(生), 번(蕃), 충(充), 정(征), 치(治)"(창 1:28)의 5복(五福)을 이루시게 하므로 하나님 보시기에 심히 좋은(창 1:30) 복이 넘치게 하실 것입니다.

「하늘양식」 가정예배서

존 웨슬리 영성으로 가보(家寶)처럼 만들었습니다. 모든 가정과 직장에 예배가 회복되도록 하십시오. 새벽예배를 참석치 못하는 90%의 양 무리를 방치하지 마십시오. 가정예배 회복은 너무나 쉽고도 확실한 희망입니다. 물론 직장예배로 현장을 살리는 선교사의 교과서가 된다면 21세기 존 웨슬리가 될 것입니다.

「속회공과」 쉬우면서 메시지가 있는 예배형 교재

존 웨슬리의 영성으로 '나' '가정' '교회' '세상' 등 4개의 주제로 되어 있어, 반복해서 읽기만 해도 감리교인이 될 수 있는 최고의 내용으로 만든 교재입니다. 감리교회의 교과서입니다. 아무리 경제가 어려워도 모든 성도가 가장 저렴한 책을 구입하여 읽게 한다면 속회에 참석하지 않는 60%의 양 무리를 감리교인으로 만들어 줄 것입니다. 푸른 바다(블루오션)가 눈에 보입니다. 성령님이 함께하실 것입니다.

'책만 읽어도' 160만 감리교회 독서운동에 동참합시다. 물마시고 밥을 먹듯이 책을 읽어야 합니다. 책 읽는 목사, 책 읽는 부모, 책 읽는 교사, 책 읽는 교회가 되어야 합니다. 21세기 세계 선교는 존 웨슬리의 후예들의 어깨에 놓여 있습니다. 세계는 나의 교구이고 우리는 모두 선교사입니다. (2007년 12월)

'책만 읽어도'
160만 감리교회 독서운동

예배와 설교, 그리고 제자 훈련만으로는 2%가 부족합니다. 스스로 좋은 책을 많이 많이 읽도록 하여야 합니다. 감리교회가 앞장서 교회마다 도서관을 만들고, 존 웨슬리 도서를 중심으로 독서 운동을 일으켜야 합니다. 4,800만 전 국민이 독서운동으로 민족성개조운동을 일으켜야 합니다. 장점을 개발하고 단점을 고쳐 나가야 합니다. 그런 의미에서 감리교회가 민족과 세계의 희망이 되어야 합니다.

하늘의 황금아치

겨울방학이 되고 특별히 성탄시즌에 연말연시가 되면 바다처럼 넓고 넓은 서점들은 밀려드는 인파로 행복해 합니다. 광화문에서 종로3가까지, 교보문고 · 영풍문고 · 반디앤루니스를 거치면서 보고 느끼는 기도산책시간은 많은 사람이 누리거나 느끼지 못하는 행복한 시간입니다. 그날 기도제목을 따라 한 권씩 집어 쇼핑하는 시간은 내 영혼과 삶의 곳간을 채우는 순간이기에 참으로 어린 나를 행복하게 합니다.

아직은 어린아이라 책이 나를 읽는 독서 삼매경의 경지에는 입문하지 못했지만 때가 되면 주실 줄 믿고 억지로 지는 십자가를 만들어 보았습니다. 길고도 남아돌았던 그 많은 세월을 허비했다는 후회 속에 회개하는 마음과 섬기는 마음을 주셨기 때문입니다. 월 · 화 · 수 · 목 · 금요일 하루에 책 한 권씩 가슴 뜨거운 느낌대로 독서일기를 공개하는 것입니다. 이름 하여 "하늘의 황금아치", 출판국(도서출판 kmc) 홈페이지(kmcmall.co.kr)에 올리고 있습니다.

44

숨겨진 보화 Ⅱ

'우리 함께' 행복을 나누기 위함입니다. "하늘의 황금아치"가 무엇이냐고 젊은 목사에게 물었더니 무지개라고 곧장 대답합니다. 하늘의 황금아치 바라볼 때 내 가슴은 뛰노라고 고백하면 젊은이들은 환호성을 올린다고 「럭셔리 신드롬」(제임스 B. 트위첼 지음)에서 배웠습니다.

그렇습니다. 책을 읽어야 시대를 앞서 살 수 있습니다. 인간에게 책읽기는 선택사항이 아닙니다. 그것은 인간의 의무이고 권리입니다. 책읽기는 일용할 양식을 씹어 먹는 행복한 일입니다. 책읽기가 무너지면서 한국 사회의 교양층이 무너지고 있다고 탄식합니다. 양서(良書)를 선택하여 읽는 것은 최고의 제자훈련입니다. 부흥사경회가 될 수 있습니다. 예배가 될 수 있습니다. 오른쪽 뇌를 자극하고 깨닫게 하므로 삶을 변화시킵니다. 교회를 세우고 가정을 세웁니다. 그리고 대위임령(마 28:18~20)을 순종하여 세계로 나아가는 제자가 될 것입니다.

「책벌레들 조선을 만든다」는 책을 읽었습니다. 책벌레 중 책벌레 대장은 율곡선생입니다. 그는 자신의 시대를 성실하게 산 사람이고 탁월한 학자였습니다. 율곡시대의 독서는 양반만의 일이었습니다. 율곡이 말하는 독서 자세입니다.

"독서하는 사람은 반드시 단정히 손을 모으고 꿇어 앉아 공경스런 자세로 책을 대하여야 할 것이다. 마음과 뜻을 한 데 모아 골똘히 생각하고 푹 젖도록 읽어 글의 의미를 깊이 이해해야 할 것이로되 주절마다 반드시 실천할 방법을 모색해야 한다. 만약 입으로만 읽고 몸에 체득하여 직접 실천하지 않는다면 독서는 독서고 나는 나일 뿐이니 무슨 이로움이 있겠는가?"

현대인에게서 발견하기 어려운 독서 형태입니다. 그러나 그 진지한 책읽기에는 존경심을 가질 수밖에 없습니다. 21세기를 사는 오늘 우리 모두는 행복한 사람들입니다. 율곡시대처럼 사대부 양반만이 읽을 수 있다면 무슨 재미로 살겠습니까? 그 당시로서는 어렵고 어려운 한문에 자연인 주자 한 사람의 학설인 주자학만 공부했으니 나라 꼴이 어떠했겠습니까? 얕은 샘을 파면 건수가 나옵니다. 깊은 샘 파고 또 파면 생수가 터집니다. 2008년 새해에는 희망의 감리교회에 큰 샘, 그리고 깊은 샘 터지기를 기도합니다.

'책만 읽어도' 160만 감리교회 독서운동에 동참합시다. 물마시고 밥을 먹듯이 책을 읽어야 합니다. 책 읽는 목사, 책 읽는 장로, 책 읽는 부모, 책 읽는 교사, 책 읽는 교회가 되어야 합니다. 21세기 세계선교는 존 웨슬리의 후예들의 어깨에 놓여 있습니다. 세계는 나의 교구이고 우리는 모두 선교사입니다. (2008년 1월)

가장 소중한 선물

　짧은 인생은 영원을 준비하는 소중한 시간이고 행복이며 은총입니다. 소중한 시간에 소중한 사람들과 함께 산다는 것 역시 최고의 행복이며 은총이 아닐 수 없습니다. 가장 소중한 사람들에게 가장 소중한 선물을 주며 사는 삶 역시 최고의 행복이며 은총입니다.

　당신의 가장 소중한 사람들에게 가장 소중한 선물은 무엇일까요? 우리가 사랑을 표현하는 방법은 무수히 많을 것입니다. 사랑의 세레나데를 부를 수도 있고 아름다운 장미꽃을 바칠 수도 있습니다. 따뜻한 가슴이 담긴 편지나 이메일 그리고 문자메시지를 전할 수도 있고 정성과 사랑이 담긴 현금이나 물질을 줄 수도 있습니다.

　사람마다 환경과 시간과 장소에 따라 무궁무진한 방법이 있음에도 불구하고 기도하는 마음으로 선택한 최고의 선물은 책이 아닐 수 없습니다. 책 한 권에 담긴 사랑의 가치는 값으로 계산할 수 없는 최고의 선물입니다. 책 한 권으로 사랑은 물론이고 믿음, 세상, 지혜, 행복, 천국, 기쁨, 보람, 영성…. 끝없이 셀 수 없는 소중함을 덤으로 줄 수 있습니다. 당신이 선물한 책 한 권의 유효기간은 끝이 없으며 소중한 사람의 인생을 바꿀 수 있는 가능성은 언제나 열려 있기 마련입니다.

- 사랑하는 자녀에게 책으로 사랑을 전하세요.
- 사랑하는 손자에게 책으로 유산을 물려주세요. 좋은 책을 골라 사랑하는 사람 대하듯 애정을 가지고 탐독하고 행하다 보면 사랑하는 자녀들이 풍요로운 하나님의 사람으로 변하게 되는 최고의 유산을 기증받게 될 것입니다.
- 영원한 한 몸인 배우자에게 책으로 사랑을 전하세요. 하나님이 짝지어 주신 부부가 긴 여정의 인생길을 동행할 때에 인생의 지도나 나침판은 영성의 삶으로 가득한 책이 아닐 수 없습니다.
- 생명의 뿌리이며 인생의 끝자락까지 마땅히 봉양해야 할 부모님께 책으로 사랑을 전하세요. 책은 사람이 행복하게 타임머신을 타고 과거여행을 하게도 하고, 인생을 송두리째 바꾸기도 합니다.
- 나를 낳으시고 길러주신 부모님의 사랑과 은혜를 무엇으로 보답하겠습니까? 책으로 봉양하는 것이 최고의 선물입니다.
- 직장동료, 친구들에게 책으로 사랑을 전하세요. 행복의 뒤안길로 안내할 것입니다. 그리고 행복한 사람들이 모인 살아 있는 이들의 천국이 될 것입니다.
- 천국의 그림자인 교회에서 만난 사람은 천국에서 영원히 만나 함께

살 가장 소중한 사람들입니다.

그 어떤 선물보다 최고로 값진 선물은 책입니다. 새해를 닫고 여는 연말연시에 무릎으로 교회를 지키시는 어른들에게 가보(家寶)처럼 만들어진 큰 글씨의 「하늘양식」은 최고의 선물이 아닐 수 없습니다. 감리교회의 최고의 자랑과 사명자는 속장입니다. 영혼을 책임지는 작은 목자가 사랑하는 어린 양인 속도원들에 주는 최고의 선물은 무엇일까요? 깊은 샘, 뿌리 깊은 나무! 감리교회 교과서인 「속회공과」가 최고입니다.

성직(聖職)인 목사는 누가 뭐라 해도 영혼의 어머니입니다. 내가 죽고 네가 산다면 무엇이든 주지 못할까? 그 마음과 삶이 목사의 기쁨이요, 최고의 가치입니다. 그러나 성도는 목사와 24시간을 함께할 수 없으니 아차하면 세상에 노출되어 죽느냐 사느냐입니다. 스스로 일어나 거룩한 전투에 승리자가 되게 해야 합니다.

그렇다면 사랑하는 성도에게 최고의 선물은 무엇일까요? 존 웨슬리의 영성이 담긴 책입니다. 사랑이 가득 담긴 책이 최고입니다. 교회마다 도서관을 만들고 가정마다 서재를 만들어 책을 읽게 해야 합니다. 출판국(도서출판 kmc)에서 나온 존 웨슬리 도서를 1개월에 1권씩 필독서로 읽게 하면 2년 동안 독서제자 훈련반을 운영하게 됩니다. 목회 성공의 땅 깊고 헤엄치기 전략은 영적 독서운동입니다. 21세기는 영성과 선교의 시대입니다. 최고의 영성은 예수 영성이고 가장 근접한 영성이 존 웨슬리의 영성입니다. 그런 의미에서 한국 감리교회는 세계 구원의 희망이고 출판국(도서출판 kmc)이 시작한 「책만 읽어도」 독서운동은 강이 바다를 덮음 같이 우리 함께 가야 할 최고의 비전이고 행복의 가치가 될 것입니다.

'책만 읽어도' 160만 감리교회 독서운동에 동참합시다. 물마시고 밥을 먹듯이 책을 읽어야 합니다. 책 읽는 목사, 책 읽는 교회가 되어야 합니다. 21세기 세계 선교는 존 웨슬리의 후예들의 어깨에 놓여 있습니다. 세계는 나의 교구이고 우리는 모두 선교사입니다.

(2008년 2월)

비결 찾기

　대학 강당을 빌려 주일예배를 드리는 교회가 있습니다. 물론 예배당은 있지만 협소하기 때문에 넓은 강당을 사용합니다. 목사님의 외모가 빼어난 것도, 박사가운을 입은 것도 아닙니다. 자전거 타고 신바람 나게 달리는 젊디젊은 목사입니다. 시간 관리의 귀재, 새벽형 성공체질을 만들었습니다. 세계에 흩어진 선교사들이 강대상에 서면 성도들이 일제히 일어나 환호하며 박수로 영접합니다. 온 세계를 나누어 중보기도 하는 교회입니다. 한 사람도 빠짐없이 선교비 천 원씩만 바치라고 합니다. 3천 명이 천 원씩이면 300만 원입니다. 새벽이슬 같은 젊은이들이 새벽 강단을 가득 채우는 교회입니다. 우리나라에서 젊은이들이 제일 많이 모이는 비전의 교회입니다. 지성과 영성 위에 야성을 강조하는 교회이니 세계적인 인물들이 쏟아져 나올 것입니다. 40대의 젊은 목사가 책을 내기만 하면 베스트셀러입니다.

　삼일교회 전병욱 목사 이야기입니다. 비결을 찾고 찾아보았습니다. 물론 하나님의 은혜입니다. 넘볼 수 없는 이유를 발견하였습니다. 한 달에 50권의 책을 독파하는 독서광입니다.

회개하는 마음으로 이 글을 씁니다. 후회하는 마음으로 호소합니다. 인류역사상 위대하게 쓰임 받은 사람들의 공통점 중에서 "독서"를 빼놓을 수가 없습니다. 좋은 책을 읽으면 오른쪽 뇌를 자극하여 변화된 삶을 살게 합니다.

빈손의 억만장자인 「아름다운 부자, 척 피니」를 알게 된 것도 책을 통해서이고, 척 피니처럼 살아야겠다고 결심하게 된 것도 결국은 책을 통해서입니다. "수의에는 주머니가 없다"는 말은 아일랜드계 미국인 자선사업가인 척 피니의 좌우명입니다. 이 사람에게는 집도 없고 차도 없습니다. 25달러짜리 플라스틱 시계를 차고 다니고 허름한 식당에서 배를 채웁니다. 하지만 그는 25년간 4조 원에 이르는 엄청난 돈을 기부하였습니다. 지독히 가난한 가정에서 태어나 안 해본 일이 없었고 열 살이 되면서 돈 버는 일에 재능을 보였습니다. 사업이 날로 번창해 1977년 피니는 연간 1,200만 달러의 배당금을 받았습니다. 그는 이즈음부터 기부를 고민하였고 록펠러와 카네기에 관한 책을 읽으면서 참된 부의 의미를 곱씹었습니다.

한 성직자가 록펠러에게 전한 충고를 책을 통해 읽으며 그 말씀이 척 피니의 가슴에 화인(火印)처럼 새겨졌습니다. "록펠러 씨 당신의 재산은 눈덩이처럼 커지고 커져서 눈사태가 되어가고 있습니다. 눈덩이가 더 커지기 전에 재산을 빨리 나눠주어야 합니다. 그렇게 하지 않으면 그 눈덩이는 당신과 당신 자녀들 그리고 그 자녀들까지 덮칠 것입니다."

올해 74세가 된 이 빈손의 억만장자는 다시 모은 40억 달러도 모조리 기부하기로 하였습니다. 남은 시간이 얼마 없으니 서둘러야 한다며 오늘도 후원단체의 목록을 뒤적입니다. 샌프란시스코의 추레한 임대아파트에서 소매에 구멍 난 스웨터를 걸치고서 말입니다.

그는 자선단체를 만들어 모든 재산을 익명으로 나누었습니다. 피니가 세운 건물에는 장식판이나 이름도 없고, 그에게는 성대한 감사 만찬이나 명예학위도 없습니다. 물론 수령자의 귀에 척 피니의 이름이 들려서는 절대 안 됩니다.

그의 고백입니다. "기부는 하루아침에 이뤄지는 일이 아니다. 그리고 기부를 하고 싶다면 살아 있는 동안에 하라. 그렇게 하면 죽을 때까지 기다리는 것보다 더 큰 만족을 얻을 수 있기 때문이다."

김진두 목사가 지은 「존 웨슬리의 생애」 한 권씩만 숙독해도 한국교회는 새로워질 것입니다. 그런 의미에서 한국교회가 앞장서 '독서운동'을 일으켜야 합니다.

'책만 읽어도' 160만 감리교회 독서운동에 동참합시다. 물 마시고 밥을 먹듯이 책을 읽어야 합니다. 책 읽는 목사, 책 읽는 교회가 되어야 합니다. 21세기 세계 선교는 존 웨슬리의 후예들의 어깨에 놓여 있습니다. 세계는 나의 교구이고 우리는 모두 선교사입니다. (2008년 3월)

책을 많이 읽고 싶습니다

출판국 사무실에 간이 도서관을 만들었습니다. 장서는 1,000권 정도입니다. 본부 임직원들에게 독서운동을 권장하기 위함입니다. 그리고 모든 감리교회마다 도서관을 세우기 위한 기도제목으로 모범을 보인 것입니다. 지상명령(마 28:18~20)에 대한 도서가 150권 정도이니 감사할 뿐입니다. 특별히 눈높이가 맞는 3단 서고에는 출판국(도서출판 kmc) 발행도서 133권이 발간한 시간 순으로 진열되어 있습니다. 12년째 되는 출판국(도서출판 kmc) 역사에 고마운 열매입니다.

지난날을 회고해 보면 책 모으고 진열하는 욕심은 있었으나 설교 준비하기 위한 독서였으니 후회가 막심합니다. 회개하는 마음으로 읽습니다. 저자에 대한 최소한의 예의입니다. 이렇게 좋은 책을 만들게 하셨구나! 감탄과 감격입니다.

공장에서 제품이 쏟아져 나오듯 3종의 정기간행물(기독교세계, 강단과 목회, 신앙과 교육)이 발간되고 있습니다. 한 꼭지도 버리기 아까운 영혼과 마음의 양식들입니다. 127번째 도서인 「왜 그들의 교회는 성장하는가?」(이원규 역), 133번째 도서인 「꽃우물에 따뜻한 교회가 있네」(박인환 저)는 보기만 해도 은혜가 됩니다. 좋은 책을 만들었다는 찬사와 격려를 듣습니다. 출판국 식구들은 문서 선교사라는 자부심과 사명감 속에 날마다 통성기도로 하루를 시작합니다. 그리고 행복한 꿈을 꾸며 기도합니다.

모든 교회가 존 웨슬리를 통하여 면면히 이어온 자랑스러운 감리교회의 도서를 읽어주신다면 얼마나 좋을까요? 출판국에서는 존 웨슬리에 관한 책을 읽고 독후감을 보내면 이를 시상하고 널리 알리는 '웨슬리 도서 독후감 현상 공모' 를 실시합니다. 크고 작은 모든 교회에 선교 도서관을 세우고 온 성도가 존 웨슬리처럼 '책벌레' 가 되어 지역 사회를 섬긴다면 교회 부흥뿐 아니라 한국 감리교회가 민족과 세계의 희망이 될 것입니다. 책을 많이 읽고 싶습니다. 하루가 48시간이면 얼마나 좋을까요? 독서는 취미가 아니고 사역입니다.

우리를 부끄럽게 하는 두 사람을 소개합니다.

조선 후기의 북학파 실학자 중의 한 사람인 이덕무는 어릴 때부터 스물한 살이 될 때까지 하루도 선인들의 책을 손에서 놓은 적이 없었다. 온갖 서적을 두루 구해 읽었는데, 평생 동안 읽은 책이 2만 권이고, 손수 베낀 책이 수백 권이다. 집은 비바람을 채 가리지 못할 정도고, 변변치 못한 끼니조차 자주 거를 정도로 이덕무는 가난했다. 오죽하면 한겨울에 자다가 일어나 이불 위에 '한서' (漢書) 한 질을 덮고 '논어'

55
책만 읽어도

(論語)를 매서운 바람이 들어오는 곳에 병풍처럼 세워 추위를 막았다. 그런 가난 속에서도 책읽기를 게을리 하지 않은 이덕무는 마침내 나이 39세가 되던 해, 규장각 초대 겸서관에 임명된다.

다치바나 다카시는 일본에서 명실 공히 최고의 지식인으로 꼽히는 사람이다. 그는 명문대학을 나와 좋은 직장에 들어갔지만 3년 만에 짐을 싸들고 나온다. 그 이유는 단 하나다. "점점 산더미처럼 쌓인 책들을 읽어치우지 못하게 되었다. (중략) 읽고 싶은데 읽지 못하는 책들이 책장 가득히 꽂혀 있는 것을 매일 바라보기만 한다는 것은 심한 고통이었다." 그러니까 읽고 싶은 책을 맘껏 읽지 못하는 환경에 대한 불만 때문에 직장을 그만두고 나온 것이다. 인류의 진보와 발전을 한정 없이 '더 알고 싶다'는 욕구 때문이다. 다치바나 다카시에 따르면 지적인 것을 향한 인간의 욕망은 원시생물 이래로 생명체를 떠받쳐온 생명 원리다. 책을 읽는다는 것은 그 생명 원리의 발현이다. 그러니까 책을 맘껏 읽고 싶어 괜찮은 직장을 그만둔 것은 생명 원리에 따른 것이라는 뜻이다. – 〈사람과 책〉'리더의 독서記' 장석주 시인의 글 中에서

'책만 읽어도' 160만 감리교회 독서운동에 동참합시다. 물마시고 밥을 먹듯이 책을 읽어야 합니다. 책 읽는 목사, 책 읽는 교회가 되어야 합니다. 21세기 세계선교는 존 웨슬리 후예들의 어깨에 놓여 있습니다. 세계는 나의 교구이고 우리는 모두 선교사입니다. (2008년 4월)

가장 쉽고 행복한 제자훈련 방법

　우주에 정거장을 만들고, 한국의 낭자 이소연 씨가 우주여행을 하고 돌아왔습니다. 옛사람이 들으면 천국 이야기쯤으로 생각할 수 있는 일들이 현실화되는 세상에 살고 있습니다. 생존과 번영이 계속될 때에 교회는 사명공동체로서 존재합니다. 그러므로 교회는 세상을 앞서가야 합니다. 달인(達人) 공동체가 되어야 합니다. 예수 믿는 일에는 프로가 되어야 합니다.

　그런 의미에서 교만과 게으름은 퇴보이고 죽음입니다. 하나님이 제일 싫어하시는 죄악이기 때문입니다. 겸손함과 부지런함의 은혜를 받아야 합니다. 겸손함과 부지런함의 은혜는 끊임없는 '열정'으로 타오르게 합니다. 담임목사 한 사람의 열정으로 온 성도의 가슴에 은혜가 계속되어야 합니다. 하드웨어는 '영성'입니다. 말씀과 기도의 수레바퀴를 끊임없이 달리게 해야 합니다. 지름길이 있을 수 없습니다. 소프트웨어는 '경영'입니다. 전략이 필요합니다. 솔로몬의 지혜를 얻어야 합니다. 결국은 성도를 목사만큼, 참제자로 자라게 양육해야 합니다. 목사는 예수님만큼! 성도는 목사만큼!

교회는 생존과 번영의 수레바퀴로 부흥할 것이고 땅 끝까지 복음을 전하게 되는 사명공동체로서의 증인들이 되게 하실 것입니다. 비결이 있습니다. 아무나 어느 교회나 할 수 있는 일이 '책만 읽어도' 독서운동입니다. 270년 전 존 웨슬리가 1페니 책을 만들어 읽게 하였던 것처럼 독서운동이 산불처럼! 화산처럼! 일어나게 해야 합니다.

원래 초기 감리교회는 독서하는 사람들이었습니다. 별명이 '책벌레' 였습니다. 최근(2008. 4. 6) 한겨레신문에 나온 기사입니다.

"신바람일터 만들기 · 독서경영 – 무사고 건설현장의 비밀은 도서관. 우림건설은 현장 노동자를 위해 독서, 발 마사지용 도서관, 다양한 독서 행사로 소통원활해지고 생산성 높아져….
"책 읽는 기업이 는다" – 매달 한 권씩 읽은 뒤 경영제언. 읽고 싶은 책 구입비 무한지원도….

1983년 전북 익산에서 소규모 건설업체로 출발한 우림건설이 시공능력평가 34위의 중견 건설회사로 발돋움한 숨은 원동력은 독서경영이었다고 합니다. 우림건설 심영섭 회장은 "책 읽기는 함께 나눌수록 행복해지는 해피 바이러스"임을 고백합니다. 심 회장은 자신이 직접 선정한 책에 독후감을 친필로 적어 650명 임직원들에게 나눠주고,

직원들은 책을 읽은 후 독후감을 써서 월례 조회 때 발표합니다. 책 읽기를 단순히 개인적인 지적활동에 머물게 하지 않고 소통의 기회로 만드는 것입니다.

SK 에너지는 최근 「로마인의 이야기」를 통한 경영제언 프로그램을 들고 나와 눈길을 끌고 있습니다. 참여 임직원들이 매달 한 권씩 시오노 나나미의 「로마인의 이야기」를 읽고 사내 홈페이지에 책이 주는 시사점과 경영제언을 등록해 전 사원이 공유하도록 합니다.

"15권 전체를 읽게 되는 올해 12월에는 최우수 사례를 선정해 로마 여행을 보내줄 계획입니다. 1권 '로마는 하루아침에 이루어지지 않았다.'에는 600여 명이 등록해 이 중 30명이 상을 받았으며, 현재는 2권 '한니발 전쟁'에 대한 경영제언들이 올라오고 있습니다."

독서경영은 누가 뭐라 해도 교회가 앞장서야 할 운동입니다. 목회 지혜이고 가장 쉽고도 행복한 제자 훈련 방법이기도 합니다.

'책만 읽어도' 160만 감리교회 독서운동에 동참합시다. 물마시고 밥을 먹듯이 책을 읽어야 합니다. 책 읽는 목사, 책 읽는 교회가 되어야 합니다. 21세기 세계 선교는 존 웨슬리 후예들의 어깨에 놓여 있습니다. 세계는 나의 교구이고 우리는 모두 선교사입니다. 감리교회가 희망입니다. (2008년 5월)

미래를 위하여

1975년 2월 중국 랴오인성 하이청에서 거위가 날아다니고 겨울 잠 자던 뱀들이 기어 나왔다. 지진 조짐이라고 본 당국은 100만 주민을 대피시켰고 2~3일 뒤 7.3의 강진이 닥쳤다. 동물 덕분에 지진 피해를 줄인 첫 사례다. 이듬해 7월에는 허베이성 탕산에서 잠자리와 새 수만 마리가 떼 지어 수백 미터를 날아갔다. 사람들은 이를 눈여겨보지 않 았다. 며칠 뒤 대지진이 발생해 27만 명이 사망하였다. … 지난 5월 12 일 지진이 쓰촨성을 뒤흔들기 사흘 전 진앙 인근 마을에서 두꺼비 10 만 마리가 거리로 쏟아져 나왔다. 두꺼비 떼는 차와 사람에 밟혀 죽으 면서도 줄곧 한 방향으로 이동했다고 한다. 마을 사람들이 불안에 떨 었지만 당국은 "산란기 이동이니 환경이 좋아졌다는 소식"이라고 반 겼다고 한다. 자연의 경고를 무시한 셈이다. ─조선일보, 5월 15일

지진이 일어날 것을 동물들이 먼저 알고 피하듯 무슨 일이든 조짐 이라는 것이 있는 것 같습니다. 주님은 여러 가지 모양으로 경고합니

다. 지진이나 싸이클론이나 미래를 준비하라는 경고 같습니다. 한국
교회의 미래는 오늘을 통하여 현미경처럼 알 수 있습니다. 대한민국
의 미래 역시 마찬가지입니다. 될 성 싶은 나무는 떡잎을 보면 알 수
있습니다. 교회의 미래는 교회 학교에 있고 나라와 민족의 미래는 청
소년에 있습니다. 그들의 미래를 위하여 전 교회적으로, 전 국가적으
로 올인(All in)하여야 합니다. 최근 통계 개발원은 2008년 청소년 통
계를 발표하였습니다.

지난해 청소년 독서율은 15~19세 78.1%, 20~24세 80.5%로 2004년
의 81.5%와 81.9%에 비해 각각 3.5%, 1.4% 하락하였다. 평균독서권수
도 15~19세 25권, 20~24세 23.5권으로 2004년의 31.8권과 27.2권보다
줄어들었다.

컴퓨터 사용은 2006년과 큰 차이가 없었다. 지난해 15~19세, 20~24
세 청소년의 주당 평균 컴퓨터 이용시간은 13.8시간과 19.1시간으로
2006년에 비해 불과 12분이 줄어들었다.

반면 음주 경험이 있는 청소년들은 10명 중 6명에 달했다. 이들이
음주를 시작하게 된 평균 나이는 13.2세인 것으로 조사되었다. 초등학
교 이하가 41.0%, 중학교 44.2%, 고등학교가 6.7%였다.

청소년 자살은 심각한 수준인 것으로 파악되었다. 2006년 청소년
연간 자살자 수는 664명으로 하루 평균 1.8명에 이르고 있다.

얼마 전 세상을 떠난 토지(土地)의 저자 박경리의 일생을 추모하면서 청소년의 미래를 위한 희망을 그려 보았습니다.

"나는 이혼한 가정에서 자랐어요. 아버지는 내가 어렸을 때 집을 나가셨는데 어머니는 세속적이며 생활력이 강한 여인이었지요. 어머니의 그런 모습 속에서 나는 강한 저항감과 홀로 남은 어려움에 대한 연민의 정을 느꼈지요. …" - 1994년 가을 '작가세계' 송호근 서울대 교수 대담

"초등학교 때부터 굉장히 수줍음이 많고 항상 남의 뒷전에 서 있는 성질인데 서점에 가서는 그게 없어요. 쫓겨나도록 붙어 서서 읽는 거예요. 여학교 시절에 도스토옙스키의 「죄와 벌」을 읽으려고 결석했어요. 갑자기 배가 아프다고 엄살 피우고. 그 책 보려고요. 하루만 빌린 책 세 권을 다 보려고 밤을 새우고 나니깐 아침에 눈이 핏빛이에요. 독서량이 내 모든 기초지요. 그런 것이 다 모여 모여 가지고 …." - 2004년 9월 마산 MBC 송호근 교수 대담

1945년 진주여고 졸업이 최종학력인 그는 한국 문학계의 큰 별일 뿐 아니라 스승이 아닐 수 없습니다. 원고지 4만여 장 분량에 총 5부 21권에 이르는 「토지」를 읽다보면 대한민국 모든 국민이 읽어야 할 교과서처럼 느껴집니다. 박경리 선생이 가장 좋아하는 단어 열 개는

'꿈, 새, 숲, 일, 감성, 시인, 투명, 존엄, 길, 시골' 이었다 합니다.

폐일언하고 한국교회가 앞장서야 합니다. 아니 "책벌레"의 유전자가 있는 희망의 감리교회가 영유아 청소년 때부터 독서운동에 앞장서야 합니다. 목회자들과 교사들 그리고 부모님들이 하나 되어 독서일기를 쓰도록 하는 것입니다. 교회가 새롭게 일어나고 세계적인 인물이 우후죽순처럼 일어날 것입니다. 21세기 선교 한국의 빛나는 비전을 이루게 하실 것입니다.

'책만 읽어도' 160만 감리교회 독서운동에 동참합시다. 물마시고 밥을 먹듯이 책을 읽어야 합니다. 책 읽는 목사, 책 읽는 교회가 되어야 합니다. 21세기 세계 선교는 존 웨슬리 후예들의 어깨에 놓여 있습니다. 세계는 나의 교구이고, 우리는 모두 선교사입니다. 감리교회가 희망입니다. (2008년 6월)

존 웨슬리와 초기 감리교회를 닮게 하소서

뜻이 있는 곳에 길이 있고 길을 만들면 반드시 걷는 사람이 있게 마련입니다. 포스터 한 장 붙이지 않고 기도하면서 시작한 "출판국이 만들어가는 희망 프로젝트"인 감리교회 독서운동이 뿌리를 내리고 있습니다. 사실 짧은 인생길 뒤돌아보면 모두 하나님의 은혜 아닌 것이 무엇이겠습니까?

뜻(비전)도 길(열정)도 길을 만드는 일(희생)도 주님이 주신 은혜이기에 힘들고 더디다고 낙심하거나 원망할 일이 아닙니다. 33세에 세상을 떠나신 안중근 열사는 비전, 열정, 희생을 겸비한 우리 모두의 스승입니다. 그의 마지막 글입니다.

"눈 덮인 광야를 거닐 때 함부로 걷지 마라. 오늘 너의 발자국이 뒤 사람의 길이 되리라."

항상 기쁨으로 사시는 시골교회 젊은 장로님이 출판국(도서출판 kmc) 매장(지하 4층)을 찾아오셨습니다. 출판국 12년 역사에 발간된 존 웨슬리 도서(22권)를 모두 구입하시는 모습을 보면서 감리교회의 희망을 보았습니다.

　최근에 〈2008 장로총감〉이 발간되었습니다. 1,090쪽에 12,000명의 장로님들과 섬기시는 교회의 담임목회자들의 사진과 인적사항이 포함된 방대한 자료입니다. 조금은 어린아이 같은 행동이지만 믿음을 가지고 연감 위에 손을 얹고 안수하였습니다.

　"주여! 12,000명 장로님들을 축복하소서. 존 웨슬리 영성으로 충만하여 삶으로 신실한 감리교회를 세우게 하소서. 책벌레였던 존 웨슬리와 초기 감리교회를 닮게 하소서."

　그렇습니다. 예배와 설교, 그리고 제자 훈련만으로는 2%가 부족합니다. 스스로 좋은 책을 많이 많이 읽도록 하여야 합니다.

　출판국의 기도제목입니다. 감리교회가 앞장서 교회마다 도서관을 만들고, 존 웨슬리 도서를 중심으로 독서 운동을 일으켜야 합니다. 4,800만 전 국민이 독서운동으로 민족성개조운동을 일으켜야 합니다. 장점을 개발하고 단점을 고쳐 나가야 합니다. 그런 의미에서 감리교회가 민족과 세계의 희망이 되어야 합니다.

　'책만 읽어도' 160만 감리교회 독서운동에 동참합시다. 물마시고 밥을 먹듯이 책을 읽어야 합니다. 책 읽는 목사, 책 읽는 교회가 되어야 합니다. 21세기 세계 선교는 존 웨슬리 후예들의 어깨에 놓여 있습니다. 세계는 나의 교구이고 우리는 모두 선교사입니다. 감리교회가 희망입니다. (2008년 7·8월)

최고의 열매를 맺기 위하여

　형설지공(螢雪之功). 반딧불이와 눈에서 나오는 빛으로 책을 읽었다는 중국의 차윤과 손강의 이야기에서 나온 고사성어입니다. 정말 반딧불이의 불빛으로 책을 읽을 수 있을까를 곤충연구가 한영식 씨가 관찰하였습니다. 반딧불이의 불빛은 짝짓기를 위한 의사소통 수단인데 1마리에 3럭스 정도이고 일반적으로 사무실의 밝기가 평균 500럭스이니 200마리 있으면 신문과 책들을 읽을 수 있지만 반딧불의 불빛은 켜졌다 꺼졌다 하기 때문에 생각보다 어둡다고 설명합니다.

　　-반딧불이 통신

　그렇습니다. 옛사람들 역시 책 속에 길이 있음을 알았기에 환경을 탓하지 않고 형설지공(螢雪之功)을 쌓아 뜻을 이루는 삶을 살았습니다.
　고금을 막론하고 모든 사람은 행복하기를 원합니다. 사람들은 모두 다 잘되기를 원합니다. 사람들은 모두 다 거룩하기를 원합니다. 사실은 사람을 창조하시고 사람들의 수레바퀴를 돌리시는 하나님께서도 원하시는 것입니다. 그런데 목회자들의 한결같은 고민이 있습니다. 젊음을 바치고 땀과 눈물과 피를 바쳐 힘쓰고 노력하는 한평생 목회를 되돌아보면 무엇인가 열매가 있어야 합니다.

최고의 열매는 제자입니다. 예수 나를 위해 죽었으니 나도 복음을 위하여 죽는 것이 마땅합니다. 목숨까지 내려놓는 순교자가 나와야 합니다. 최소한 평신도 지도자들은 순교자로 변화되는 역사의 기쁨을 맛보아야 합니다. 그러나 현실은 정반대입니다. 왜일까요? 여전히 성령님은 함께하시는데 교육과 훈련이 되지 않기 때문입니다.

최고의 사랑의 공동체인 가정은 어떠합니까? 이러다가는 머잖아 이혼율 세계 제 1의 나라가 될지도 모릅니다. 왜일까요? 역시 교육과 훈련이 거의 없기 때문입니다. 할아버지, 아버지를 통하여 곁눈질로 배운 지식이 삶의 지혜가 될 수 없기에 깨어지고 망가지는 것입니다. 풍요한 물질문명 속에서 교회와 가정만은 소돔과 고모라의 롯의 가정이 되어서는 안 됩니다. 4천 년 전 아브라함은 마므레 상수리나무 숲속에서 제단을 쌓고 하나님께 직접 계시의 교육을 받았습니다.

그렇습니다. 도시화된 현대사회에서 교회는 마므레 상수리나무 숲이 되어야 합니다. 롯이 되면 큰일입니다. 옛말에 3인이 길을 걸으면 1명은 스승이라 했습니다. 물론 성령님이 스승이지만 목사가 스승이 되어야 합니다. 그러나 한계가 있을 수밖에 없습니다. 방치할 수밖에 없는 현실 속에서 TV와 인터넷이 안내자가 되고 있습니다. 음란한 세상 문화로 균형을 이루지 못합니다. 악인과 죄인과 오만한 자

책만 읽어도

들에게 끌려가고 있습니다. 교회를 크게 짓고 많이 모인다한들 순교
자가 나올 리 없습니다. '롯'의 교회이기 때문입니다.

바벨탑처럼, 소돔과 고모라처럼 허물어지고 불타기 마련입니다.
맛 잃은 소금이 되어 세상 사람들에게 밟히기 마련입니다. 그런 의미
에서 가정마다 책방을 만들고 교회마다 도서관을 만들고, 독서운동
을 제자훈련의 과목으로 선택할 뿐 아니라, 독서일기를 쓰게 한다면
모든 교회와 가정이 10년 이내에 깜짝 놀랄 정도로 부흥과 변화의 복
을 받게 하실 것을 확신합니다.

교회마다 애타게 부르짖고 부흥을 원하므로 각양각색의 프로그램
을 접목하고 막대한 예산과 시간을 투입하고 있지만, 계속적으로 진
행하는 것이 쉽지만은 않기에 중도에 포기하거나 탈진하게 됩니다.
그러나 독서운동은 숨 쉬는 것처럼, 밥 먹는 것처럼 쉽고도 행복한
일입니다. 아니 일이라면 누워서 떡먹기처럼 쉬운 일이고 목회자가
양 무리를 사랑하는 마음만 있으면 평생을 행복하게 만드는 최고의
사역이 될 것입니다. 이를 위하여 출판국(도서출판 kmc)이 "출판문화
원"을 세우고 섬길 것입니다.

오늘부터 '책만 읽어도' 160만 감리교회 독서운동에 동참합시다.
21세기 세계선교는 '책벌레'의 후예인 존 웨슬리의 후예들의 어깨
에 놓여 있습니다. 세계는 나의 교구이고 우리는 모두 선교사입니다.

(2008년 9월)

독서의 달인이 되려면

　미국 대선과정에서 돌풍을 일으키는 공화당 부통령 후보 세라 페일린(palin) 알래스카 주지사의 힘은 어디에서 오는 것일까요? 어려서부터 신문읽기에 심취한 것으로 알려지고 있습니다. 페일린 주지사의 부친 척 히스 씨는 CNN과의 인터뷰에서 "세라는 초등학교 3~4학년 때부터 신문을 1면에서부터 마지막 면까지 다 읽었다."며 딸의 어린 시절을 소개하였습니다. "나보다도 신문을 더 많이 읽었고, 내가 스포츠면을 집으면 세라는 1면을 집었다. 세라는 전국 뉴스뿐 아니라 지역 뉴스까지 모든 뉴스를 다 읽었다. 나는 제목만 보는데 세라는 기사 내용을 다 읽어 내려갔다. 세라는 특별했고 세라의 인내심과 투지가 오늘의 성공을 가져왔다."

　어려서부터 책이나 신문 등을 읽다보면 취미가 생기고 습관이 되는 것입니다. 막고 품는 식으로도 많은 고기를 잡을 수 있습니다. 그런 의미에서, 독서의 필요성을 뼈저리게 느끼고 오후 5시에 부름 받은 품꾼처럼 일하는 저로서는 안타까운 마음으로 매월 이 난을 채우고 있습니다. 항상 부족함을 느끼면서, 이 글을 읽으시는 분들은 나와 같은 실패를 경험하거나 돌아가지 않는 지름길을 안내하고픈 책임감이 사명이 되고 있습니다.

철학자 탁석산의 글을 발견하였습니다.(교보문고 발행「사람과 책」中에서)

    "최고의 독서가가 되는 법" – 자신이 가장 편하고 즐거운 독서법을 찾아라.

    책 읽기의 달인이 되는 왕도는 따로 없다. 책이야 자기 나름의 방법으로 읽는 것이고, 자신에게 편하고 적합한 방법이 가장 좋은 것이기 때문이다. 그래도 다음 몇 가지는 참고가 될 수 있을 것이다.

    첫째 : 책을 꼭 읽어야 한다는 강박관념을 버려야 한다. 성공한 사람은 누구나 책을 많이 읽는다. 인생을 제대로 살려면 책을 읽어야 한다는 말을 듣는데, 맞는 말이기는 하지만 강박관념이 되어서는 안 된다. 편안하고 자유로운 마음으로 아무 책이나 읽기 시작하면 책 자체가 엄청난 마력을 갖고 있으므로 서서히 책의 세계에 빠져들 것이다. 편안하게 시작하라.

    둘째 : 좋아하는 책을 읽어야 한다. 자신에게 맞는 책을 읽다보면 자연스럽게 지적 능력이 높아져 높은 단계의 책을 읽지 않을 수 없게 될 것이다.

    셋째 : 그래도 연습이 필요하다. 독서는 인간에게 그리 자연스러운

행위가 아니기에 연습을 해서 몸에 익혀야 한다. 연습에는 두 가지가 있다. 하나는 책 읽는 습관을 들이기 위해 매일 일정시간 책읽기를 실천하는 것이고, 다른 하나는 자신만의 독서법을 터득하기 위해 여러 가지 시도를 해 보는 것이다.

넷째 : 사색이 책읽기의 절반이다. 책은 독자가 사색할 것을 요구한다. 그저 문장을 읽는 것이 아니라 무슨 말을 하는지, 자신은 어떻게 생각하는지를 끊임없이 묻는 것이 책이다. 독자가 읽고 사색하지 않는다면 책은 죽은 것이다. 숙성의 시간이 없다면 포도주는 만들어지지 않는다. 독서를 위한 독서가 아니고 인생을 위한 독서가 되어야 한다. 인생에서 무엇이 필요한지를 생각한다면 책을 찾게 될 것이다. 왜냐하면 인생에 필요한 거의 모든 것들이 책에 있기 때문이다. 궁금한 것을 생각하면서 읽는다면 어느새 독서의 달인이 된 자신을 발견할 것이다.

21세기는 종말을 준비하는 영성과 선교의 시대입니다. 21세기 세계 선교는 '책벌레'의 후예인 존 웨슬리의 후예들의 어깨에 놓여 있습니다. 세계는 나의 교구이고 우리는 모두 선교사입니다. '책만 읽어도' 160만 감리교회 독서운동에 동참합시다. 물마시고 밥을 먹듯이 책을 읽어야 합니다. 책 읽는 목사, 책 읽는 교회가 되어야 합니다. 감리교회가 희망입니다. (2008년 10월)

최고의 유산, 최고의 선물

절제되지 않는 사랑이 손자사랑입니다. 아마도 나이 들어가면서 부어주시는 하나님의 은혜일 것입니다. 손자사랑을 통하여 하나님사랑을 체험하기 때문입니다. 거의 매일 사무실에 출근하면 맨 처음 하는 것이 먼 나라에 있는 외손녀들을 만나는 것입니다. 거의 매일 늦은 밤 잠들기 전 마지막 만남 역시 먼 나라에 있는 외손녀들입니다. 초등학교 3학년짜리 지은이와 4학년짜리 지민이입니다. '싸이월드 미니홈피'에 올라오는 독서일기를 보는 행복을 무엇과 비교하겠습니까? 손녀들은 매일 잠언서 한 장을 읽고, 독서일기를 올려야 합니다. 목사가 자식에게 물려줄 수 있는 최고의 유산은 "믿음"과 "독서습관"임을 깨달았기에, 그 길로 인도하는 것입니다.

지민이의 독서일기입니다. (초등학교 4학년)

"하나님은 정직한 자의 기도를 기뻐하신다. 그러나 악인의 길은

미워하신다. 악한 사람은 미련을 즐기지만 착한 사람은 기쁨을 즐긴다. 나는 기도를 잘해서 유명한 사람이 되겠다." -잠언 15장을 읽고(10월 15일)

지은이의 독서일기입니다.(초등학교 4학년)

「10살에 꼭 만나야 할 100명의 직업인」을 읽고 - 이 책은 생각보다 재미있었고 이 책의 제목처럼 난 이제 열 살이니까, 책에 있는 사람을 다 만나야 된다는 건가? 생각했다. 이 책에서 내가 아는 만화가(보물찾기 그린 만화가 강경호)도 나와서 놀랐다. 고고학자도 있는데 왜 한 명밖에 없을까? 내가 커서 이 책에 나와야겠다. 그리고 왜 바이올리니스트는 없을까? 내가 커서 나와야겠다. 이 책을 읽고서 되고 싶은 사람은 고고학자, 플로리스트, 바이올리니스트이다. 고고학자가 되고 싶은 이유는, 발굴하는 것이 좋고 옛날 사람들이 어떻게 살았는지 궁금하며 또 사람들에게 옛날 사람들이 어떻게 살았는지 알려주고 싶어서이다. 열심히 노력해서 훌륭한 사람이 되어 가난한 사람들을 도와주고 싶다."

생각할수록 주님께서 주신 은혜가 감사할 뿐입니다. 오후 5시에 품꾼으로 포도원에 불러주셨습니다. 책을 읽어야 하고, 책을 만들어야 하고, 책을 읽도록 팔아야 하는 일 속에 파묻혀 살게 하시고, 그 일을 위하여 24시간 기도하며 살게 하시니 부러울 것이 없습니다.

"당신은 책을 좋아하지 않을지도 모른다. 또한 당신의 생활은 부질
없는 야심과 쾌락을 추구하는 데 바쁠지도 모른다. 그러나 세상은 당
신이 생각하는 것보다 훨씬 광범위하다. 그 세계는 책에 의해 움직이
고 있다." -볼테르

감리회 본부 길 건너에 있는 교보문고, 영풍문고, 반디앤루니스 등
대형서점에 가면 진열된 도서만 해도 수십만 권이 될 것입니다. 신간
서적도 엄청납니다. 유명 도서관에 있는 장서만도 수백만 권이고 인
터넷에서 영어로 된 책만 검색해도 600만 권이 넘는다고 합니다. 1주
일에 한 권씩 읽으면 1년에 52권, 하루에 한 권씩 읽어도 365권밖에
읽을 수 없으니 전 세계 모든 분야의 책을 다 읽은 사람은 있을 수 없
고…. 그렇다고 낙심하거나 포기할 일도 아닙니다.

분명한 것은 한 권의 책이 인생을 바꾸었다고 고백하는 사람들이
많다는 사실입니다. 더욱 분명한 것은 성공한 사람들은 한결같이 책
읽는 사람들이었다는 사실입니다. 더더욱 분명한 것은 책을 많이 읽
는 사람들은 전형적인 책벌레들이었으며, 하루하루 모든 일에 열정
적으로 임하는 사람들이었다는 사실입니다.

아무리 바쁘고 힘들어도 삶의 우선순위를 정하고 '지금' 시작해야
합니다. 이제는 지식을 경영하는 전략적 독서로 효율적인 자기만의

독서기술을 개발하여야 합니다. 책을 읽는 시간이 늘어나면 다른 시간이 줄어들게 마련입니다. 우리에게 영적 생활을 방해하는 소돔성의 원수들과의 싸움을 어떻게 이길 수 있겠습니까? 영혼에 지식을 선물해야 합니다.

가장 소중한 사람은 자기 자신입니다. 자신의 영혼과 정신에 최고의 소중한 선물은 독서입니다. 물론 또 다른 나인 소중한 나의 가족에게 최고의 선물 역시 독서하도록 하는 일입니다. 세상을 동행하는 소중한 길동무에게 줄 수 있는 최고의 선물 역시 '독서' 하게 하는 것입니다. 독서하게 하는 최고의 선물 역시 책을 선물하고 독서의 즐거움을 나누며 독서를 전염시키는 일입니다. 짧은 출판국(도서출판 kmc) 역사에 출판된 단행본을 계산해보니 160권이 됩니다. 물론 존 웨슬리 도서도 20권이 넘습니다. 월간잡지로 1933년 창간한 「기독교세계」는 한국교회의 자랑이고 역사의 증인입니다. 아무리 보아도 시간을 낭비할 수 없는 좋은 책들입니다.

'책만 읽어도' 160만 감리교회 독서운동에 동참합시다. 21세기 세계 선교는 '책벌레' 인 존 웨슬리 후예들의 어깨에 놓여 있습니다. 세계는 나의 교구이고 우리는 모두 선교사입니다. 감리교회가 희망입니다. (2008년 11월)

독서운동에 앞장섭시다

스펄전은 19세기 영국교회가 배출한 최고의 영적 거인입니다. 할아버지와 아버지가 모두 목사인 가정에 태어나 16세에 회심하여 17세에 처음 목회를 시작하였습니다. 20세에는 런던에서 제일 큰 침례교회 목사가 되어 임종할 때(58세)까지 목회자, 설교자, 전도자, 신학자, 사회사업가 등 다방면에서 놀랍고도 기적과 같은 삶을 살았습니다. 무엇보다 스펄전은 "설교의 황제"라 불리는 교회사 최고의 설교자이며, 스펄전이 남긴 3,500여 편의 설교는 일종의 설교 도서관이자 설교의 보고가 아닐 수 없습니다. 그는 5세 때부터 할아버지 목사의 서재에서 독서하는 습관을 생활화한 엄청난 독서가요, 140여 권의 많은 저서를 남긴 저술가이기도 합니다. 그는 교회에 도서관을 만들라고 외친 선구자였습니다.

"몇 년 전 저는 교회들이 목회자 도서관을 갖추는 것을 당연한 일로 여기도록 설득하는 데 힘썼습니다. 그러자 몇몇 뜻 있는 분들이 그

제안의 취지에 공감하고 이 일을 착수하기 시작했습니다. 그 뒤로 저는 여기저기에 도서관이 들어서고 책들이 몇 권이나마 서가에 꽂히는 모습을 기쁜 마음으로 지켜보았습니다. 저는 그런 작은 시작이라도 여기저기서 일어나기를 진심으로 소망합니다. 그러나 안타깝게도 목회자들이 단체로 영양실조에라도 걸려야 비로소 목회자에게 인색한 것은 결코 절약이 아니라는 사실을 많은 구두쇠 교인들이 깨닫지 않을까 염려됩니다. 목회자에게 넉넉한 보수를 지급할 형편이 못 되는 교회들은 도서관만이라도 교회의 영구적인 건물로 세워서 매년 책들을 더해간다면 곧 매우 귀중한 도서관으로 변할 것입니다. 존경하는 제 조부의 목사관에는 교회의 역대 목사님들이 대대로 전해 주신 아주 귀중한 옛 청교도 책들이 소장되어 있습니다. 몇몇 두꺼운 책을 저는 지금도 생생히 기억합니다."

—「목회황제 스펄전의 목사론」中에서, 부흥과 개혁사

독서의 계절을 맞았지만 출판계는 지금 불황으로 어려움을 겪고 있습니다. 국제유가는 조금 떨어졌지만 환율 때문에 종이 값과 인쇄, 제본비 등이 크게 오른 데다 애써 만든 책마저 팔리지 않아 보름쯤 지나면 그대로 반품 처리되어 쓰레기처럼 쌓이기 때문입니다. 출판계가 깊은 수렁에 빠져 허우적거리는 것은 책을 읽지 않는 사회현상 때문이기도 합니다.

여가 시간에 독서를 즐긴다는 서울 시민이 6%, 1년 동안 책 한 권

읽지 않는 시민이 36.1%나 됩니다. 특히 한창 책을 읽어야 할 10대 청소년(15~19세)들까지도 25.1%가 1년 동안 교양서적을 한 권도 읽지 않고, 청소년 10명 중 1명만 여가 시간에 독서를 한다고 합니다. 서울시 관계자는 "청소년의 경우 여가시간에 주로 인터넷이나 게임(44.7%)을 하거나 라디오, TV, DVD 시청(17.8%)을 즐기고, 여가시간에 독서를 주로 한다는 응답은 6.0%에 불과하다."고 보고했습니다.

장기침체의 늪에 빠져 허우적거리는 출판계, 지식 산업의 꽃이라 부르는 출판이 살아야 지식이 살고 문화를 꽃 피우고, 결국은 민족과 나라의 번영과 발전의 원동력이 됩니다. 그러나 희망은 언제나 교회에 있습니다. 이제 우리 6,000감리교회 160만 성도가 독서운동에 앞장서야 하겠습니다.

가장 소중한 사람에게 최고의 선물은 책입니다. 내가 산 감리교회의 교과서 「속회공과」, 「하늘양식」은, 완독의 즐거움과 예수님의 사람으로 변화되는 행복 속에 교회의 부흥과 하나님 나라의 번영으로 이끌 것입니다.

'책만 읽어도' 160만 감리교회 독서운동에 동참합시다. 21세기 세계 선교는 '책벌레'인 존 웨슬리 후예들의 어깨에 놓여 있습니다. 세계는 나의 교구이고 우리는 모두 선교사입니다. 감리교회가 희망입니다. (2008년 12월)

'책만 읽어도'
160만 감리교회 독서운동

'독서운동'을 일으켜야 합니다. 감리교회 모든 가정에서 자녀들이 즐겁고 자연스럽게 독서할 수 있는 분위기를 조성하고, 동기를 부여하는 부모가 되도록 훈련하고 교육시켜야 합니다. 그리고 모든 교회가 지혜로운 방법으로 독서운동을 시작한다면, 독서를 통한 만 가지 유익을 경험할 뿐만 아니라 교회 부흥과 성장은 이슬비에 옷이 젖듯이 필연적으로 이루어지게 될 것입니다.

책읽기, 교회의 사명

"태양이여! 무엇이 바빠 그리도 빨리 서산에 지는고!" -「그리스인 조르바」

전광석화처럼 기축년 새해의 막이 올랐습니다. 현실이 어둡고 추워도 2009년 새해에는 좋은 일을 주실 것입니다. 사망을 쏘아 버리시고 부활하신 예수 그리스도가 여전히 우주와 지구촌 그리고 나의 주인이시기 때문입니다. 자신이 노예가 되어 주인 앞에 드리고 내려놓으면 "심히 좋았더라."고 감탄하신 주님께서는 좋은 것으로 채워 주실 것입니다. 토마스 칼라일의 "오늘"을 생각하며 다짐해 봅니다.

자─오늘도 또 한 번
파─란 날이 새었다.
생각하라. 네 어찌 이 날을
쓸데없이 놓쳐 보내랴
영원에서부터

이 새날은 탄생되어

영원 속으로

밤에는 돌아가리라.

하루가 모이면 1년이 되고 그 일 년이 모여 전생(全生)이 됩니다. 인도의 속담에 "낮에는 밤의 꿈이 평안하게끔 행동하라."는 말이 있습니다. 공자는 날마다 세 가지 제목으로 나누어 반성했다고 합니다. "남을 위해 일하되 마음껏 못하지 않았던가? 벗을 사귀되 불신하지 않았나? 스승께서 주신 학문을 익히지 못한 점이 없었던가?"

지난 한 해를 뒤돌아봅니다. 많은 동역자들과 교회가 출판국을 믿고 후원해 주셨습니다. 출판국 역시 최선을 다하여 섬겼습니다. 감리교회 전도지 200만 장을 전국 교회에 보내드렸습니다. 14톤이나 되는 양의 전도지가 선교국을 통해 전국 교회에 배포되었습니다. 어찌 사람이 할 수 있는 일이겠습니까? 100% 하나님의 은혜입니다.

한국교회 최고의 가정예배서인 「하늘양식」을 48개 전국 교도소(5만 재소자)에 보내는 일을 계속하고 있습니다. 2009년 전국 교도소는 감리교회를 통한 옥중 예배로 사도행전 16장의 역사가 일어나게 될 것입니다. 역시 하나님이 불 가슴을 주시어 하신 일입니다.

가정예배 회복운동을 시작하였습니다. 한국교회 처음으로 가정예배 회복운동본부의 진군나팔이 울려 퍼지게 될 것입니다. 참으로 가정예배는 숨겨진 보화입니다.

"2009년은 가정예배 회복의 해"가 되어야 합니다. 노아의 가정처럼! 고넬뇨의 가정처럼!

1. 가정예배는 만복의 근원입니다.
2. 가정예배는 자녀 축복의 샘입니다.
3. 가정예배는 교회 부흥의 지름길입니다.
4. 가정예배는 종교개혁의 첫걸음입니다.
5. 가정예배는 효행의 근원입니다.
6. 가정예배는 환난의 예방주사입니다.
7. 가정예배는 거룩한 삶의 원천입니다.
8. 가정예배는 숨겨진 보화입니다.
9. 가정예배는 부부생활의 로얄제리입니다.
10. 가정예배는 영혼구원의 훈련소입니다.

2008년 교보문고에 뜬 최다의 키워드는 '가정'과 '가족'이었다 합니다. 그러나 바다처럼 넓고 많은 35만 종의 도서 중 '가정예배'에 대한 책은 한 권도 없었습니다. 이보다도 더 중요한 사명과 필수 과목은 없습니다. 출판국 총무가 되어 회개하는 마음과 사랑하는 마음으로 시작한 사역이 '책만 읽어도' 160만 감리교회 독서운동입니다. 이일은 해도 좋고 안 해도 좋은 일이 아닙니다. 가슴이 불타올라 소리치고 들려 함께해야 할 교회의 사명입니다.

조선 500년 역사에 수치스러운 두 명의 임금이 있었습니다. 왜 일까요? 연산군 때는 독서인을 독사인(毒蛇人)이라 하여 뱀이나 전갈 보듯 하였고, 광해군 때는 독사당(毒蛇堂)이라고 매도하였습니다.

교회는 주님의 몸이고 하나님 자녀들의 모임입니다. 스님보다, 임금님보다 더 많이 책을 읽어야 합니다. 휴정(休靜) 서산대사는 어려서 고아가 되어 지리산에 들어가 불교를 공부하여 승려가 되었고, 임진왜란 때는 승병 5천 명으로 큰 공을 세우기도 하였습니다. 서산대사는 책을 많이 읽기로 소문났습니다. "만 권의 책을 충실하게 읽으며 학문을 쌓음은 다른 재주를 익힘이 아니라 오직 나의 마음을 다스림에 있다."고 하였습니다. 조선시대의 군왕 중에 세종대왕처럼 업적을 남긴 이가 없습니다. 앞뒤에는 성군(聖君) 또는 대왕(大王)이라는 존칭어가 붙습니다. 비결은 선비들과 책을 특별히 사랑하여 집현전(集賢殿)을 세운 것입니다.

폐일언하고 새해에는 책읽기를 시작하는 것입니다. 천릿길도 한 걸음부터입니다. 시작이 반(半)입니다. 출판국 홈페이지에 나오는 "하늘의 황금아치"를 보니 170여 권의 독서일기가 있습니다.

웬 은혜인가? 감격할 뿐입니다. 고마운 마음으로 섬기려고 시작한 일인데 놀라운 일입니다. 새해에는 6,000감리교회 160만 감리교인과 섬기시는 가정 위에 놀라운 은혜와 축복이 넘치기를 두 손 모아 기도합니다. (2009년 1월)

불씨가 되고 누룩이 되게

하나님의 은혜로 '책' 공장에 살다보니, 눈에 밟히고 가슴 머무는 곳이 책입니다. 우연히 TV에서 '순간포착 세상에 이런 일이'라는 프로그램을 봤습니다. 남자 같은 여인이 안전모를 쓰고 오토바이로 새벽바람을 가릅니다. 건강을 배달하는 '야채즙' 아주머니입니다. 오토바이를 타면서 고정된 고무줄에 책장을 넘기고, 입에 문 소형 랜턴이 행복한 빛을 발합니다. 결혼 후 신혼의 즐거움도 잃은 채 15년 동안을 병마와 싸우며 병상에 누워서 책만 읽다가 벌떡 일어나 회생한 체험의 사람입니다. 그녀에게는 책이 남편이고 친구이고 부모요 형제입니다.

할렐루야! 독서의 즐거움을 알게 하신 주님을 찬양합니다. 저에게는 계산할 수 없는 축복이 되었습니다. 좋은 책 한 권 쓰는 것은 대학 하나 세우는 것만큼이나 영향력이 있다는데, 2월 10일이면 「숨겨진 보화─가정예배 회복 어떻게 할 것인가?」 옥동자를 출산합니다. 1만 권의 옥동자가 나의 사랑 감리교회와 한국교회의 불씨가 되고 누룩이 되게 하실 것을 확신하고 있습니다.

2009년 「하늘양식」과 「속회공과」는 교파를 초월한 자랑이고 감리교회의 자존심입니다. 「하늘양식」과 「속회공과」가 감리교 교정선교회를 통하여 전국 48곳 교도소 방마다 배달되었습니다. 비록 영어의 몸이지만 이제 그들도 날마다 가정예배를 드리고, 매주 금요일에는 속회예배를 드릴 수 있습니다. 생각만 해도 구름 위를 나는 것 같습니다. 하나님께서 하시는 일을 보기 때문입니다. 참으로 엔도르핀이 나오고 행복합니다.

교도소가 가정과 교회가 되고, 감리교회의 은혜가 파도치는 비전을 봅니다. 출판국(도서출판 kmc)을 후원하고 협력해 주시는 수많은 목사님들과 평신도 지도자들이 고맙기만 합니다. 성령의 기름 부으심과 함께 개권유익(開卷有益)이라는 옛글이 믿어지기 때문입니다. '책을 펴서 읽으면 반드시 이로움이 있다.'

그렇습니다. 좋은 책 속에 좋은 양식이 있습니다. 양식을 넘어 보약입니다. 육체와 정신과 영혼을 벌떡벌떡 일어나게 하는 보약입니다. 당나라 시인 두보(杜甫)는 '남아수독오거서'(男兒須讀五車書)라고 하였습니다. 남자는 다섯 수레 분량의 책을 읽어야 한다는 말이지요.

며칠 동안 책을 읽지 않는 사람은 입에 가시가 돋고 그가 하는 말은 맛도 없어진다고 하였습니다. 하나님의 자녀들, 그리스도의 신부들이야 더 말할 것이 없습니다. 책을 읽어야 합니다. 책 읽는 것이 즐거워지고, 행복해질 것입니다. 독서가 습관이 될 것입니다.

독서일기를 소개해 드립니다(www.kmcmall.co.kr/하늘의 황금아치).
독서가 행복하게 할 것입니다.

설 연휴 나흘 동안 4권의 논문과 9권의 책을 독파하였습니다. 내용은 모두 감추인 보화인 "금식기도의 회복"을 위해서입니다.

> 기독교는 체험의 종교이다. 기독교는 어떠한 이론이나 주의(主義)가 아니라 운동이다. 기독교는 생명운동이며 진리운동이며 성령을 통한 사랑운동이다. 이를 바로 체험하는 것이 중요하다. 왜냐하면 바른 체험을 통해야 우리가 하나님의 뜻을 깨닫고 실천하는 그리스도의 정병이 되기 때문이다. 체험의 방법에는 여러 가지가 있다. 그 중 가장 강하게 권하고 싶은 것이 금식기도이다. 금식은 주님의 고난에 동참하고 "죽으면 죽으리라"는 결사적인 신앙체험을 갖는 기회인 것이다. 금식함으로써 육을 죽이고 성령과 깊이 교제할 때 우리의 영은 성령의 권능으로 충만하게 된다.
>
> — 최자실 지음 「금식기도의 능력」 中에서

40일 금식기도, 26일 금식기도, 그리고 셀 수 없이 많이 하였던 3일 금식기도. 이제 처음처럼 회복하기를 소원합니다. 한국교회를 위한 '옥동자'가 출판되기를 기도합니다.

'설'이 지나고 한국 나이로 한 살을 더하는 기축년 새해가 되었습니다. 올해에는 6,000감리교회 160만 감리교인과 섬기시는 가정 위에 놀라운 은혜와 복이 넘치시기를 두 손 모아 기도합니다.

　'책만 읽어도' 160만 감리교회 독서운동에 동참합시다. 물마시고 밥을 먹듯이 책을 읽어야 합니다. 책 읽는 목사, 책 읽는 교회가 되어야 합니다. 21세기 세계 선교는 존 웨슬리 후예들의 어깨에 놓여 있습니다. 세계는 나의 교구이고 우리 모두는 선교사입니다. 감리교회가 희망입니다. (2009년 2월)

참 지도자의 아름다운 죽음

김수환 추기경의 선종에 대한 뜨거운 애도의 물결을 매스컴들은 '신드롬' 이라고 표현하였습니다. 새벽까지 평화방송을 보면서 눈물을 흘리지 않을 수 없었습니다. 부끄러워서 울었습니다. 내 백성의 따뜻한 사랑에 울었습니다. 한국교회의 희망을 보고 울었습니다.

문제는 지도자입니다. 결국은 '나' 의 문제입니다. 우리는 모두 지도자이기 때문입니다. 백성은 순수하고 착하기만 합니다. 지도자가 바로 서면 세상을 옳게 만듭니다. 감동을 줍니다. 따르게 마련입니다. 하나 되어 발전하기 마련입니다.

김수환 추기경의 뛰어난 인품과 행적의 근원은 무엇일까요? 30년 넘게 섬겼던 이발사와 운전기사의 고백이 가슴을 울립니다. 가난하고 소외된 사람에 대한 깊은 사랑이 머리에서 가슴까지 오는 데 70년 걸렸다는 어린아이와 같은 진솔한 고백. 그는 평범한 사람이었습니다.

군부정권과 부패세력을 과감하게 비판하고 정의 편에서 끝까지 대항할 수 있는 용기와 정의감, 좌우로 치우치지 않는 균형 잡힌 판

단 능력, 평생을 무소유의 삶으로 사랑을 실천하신 헌신과 겸손의 삶, 장기 기증, 인공적인 생명 연장을 거부하고 존엄하게 죽음을 맞이하면서도 "고맙습니다."라고 말하며 지옥과 같은 2년의 투병생활 끝에 87세로 마감하신 김수환 추기경.

우리는 모두 가톨릭교회의 신부나 추기경은 될 수 없습니다. 그러나 한국 개신교회와 특별히 존 웨슬리 영성으로 학습된 감리교회는 더 큰 희망으로 해낼 수 있다고 확신합니다. 수많은 교회에서 수많은 김수환 추기경이 태어날 것입니다.

이제 시작하면 됩니다. 내가 시작하면 됩니다. 성령께서 '임마누엘'로 함께하실 것입니다. 사색하고 기도하면서 말씀을 묵상하는 시간을 늘려야 합니다. 소돔과 고모라 성에서의 삶은 하늘의 음성을 들을 수 없습니다. 마므레 상수리나무 밑의 아브라함처럼 살아야겠습니다. 언제까지 현장에서 외로운 싸움의 승리자 엘리야로 견디겠습니까? 빨리 깨닫고 로뎀나무 밑에 엎드려야 합니다. 시내 산으로 가는 멋진 행진을 해야 합니다. 독서는 만 가지 유익이 있습니다. 김수환 추기경의 말입니다. "수입의 1%를 책을 사는 데 투자하라. 옷이 해어지면 입을 수 없어 버리지만 책은 시간이 지나도 위대한 진가(眞價)를 품고 있다." 그렇습니다. 독서가 삶이 되면 사람이 변화하기 마련입니다. 말씀과 성령의 사람은 무슨 책을 읽어도 진리의 꽃을 피우고 생명의 열매를 맺습니다. 조선 인구 500만 시대의 최고 책선비였던 이율곡의 죽음과 김수환 추기경의 죽음이 비교됩니다.

이이(이율곡)는 아홉 차례의 과거에 모두 장원급제 하여 47세에 이 조판서가 되었고, 1584년 정월 열엿새 새벽에 49세의 나이로 서울 대사동에서 숨을 거두었다. 독서가 전부(全部)는 아니지만 그의 시신을 수습한 일가친척들에 의하면 남긴 재산이 없어 수의도 이웃집 친구의 것을 빌려다 입혔다고 한다. 이이의 부고를 듣고 애통해 우는 선조의 울음소리가 대궐 밖까지 들렸다. 발인하는 날 횃불을 들고 뒤 따르는 사람이 수십 리 거리를 메우고 동리마다 슬피 우는 소리가 들판을 진동했다. (하늘의 황금아치 187번)

사람이 태어날 때에는 혼자 울면서 나오게 마련입니다. 그러나 떠날 때에는 많은 사람이 울게 만들어야 합니다. 황금만능주의가 판을 치는 혼돈의 시대에 책 읽는 삶이 전부는 아니더라도 중요한 것만은 사실입니다. 6,000교회 160만 감리교회를 통하여 '책만 읽어도' 독서운동이 전파되기를 소원하며 기도합니다.

'책만 읽어도' 160만 감리교회 독서운동에 동참합시다. 물마시고 밥을 먹듯이 책을 읽어야 합니다. 책 읽는 목사, 책 읽는 교회가 되어야 합니다. 21세기 세계 선교는 존 웨슬리 후예들의 어깨에 놓여 있습니다. 세계는 나의 교구이고 우리는 모두 선교사입니다. 감리교회가 희망입니다. (2009년 3월)

독서삼여, 독서삼도, 독서삼매

선지학교 시절에는 학점 받기 위하여 책을 읽었고, 늦깎이로 시작한 목회 20년 동안에는 쓸 만한 예화를 찾기 위하여 책을 읽었습니다. 누구를 원망하겠습니까? 감동을 잘 받는 모자란 사람에게 독서를 권면하는 멘토가 있었다면 얼마나 좋았을까요. 그랬다면 지금과 비교할 수 없는 엄청난 일꾼이 되었을 것입니다. 회개하는 마음으로 출판국 총무 임명장을 받은 즉시 독서운동을 시작하였습니다. 감리교회를 사랑하는 마음으로, 나처럼 부끄러운 과거를 고백하는 후배 목사가 없기를 바라면서 '책만 읽어도' 독서운동을 시작하였습니다. 비록 시작은 늦었지만 나처럼 행복한 목사를 닮으라고 출판국 홈페이지에 '하늘의 황금아치'를 만들고, 독서일기를 올리고 있습니다.

옛 사람들은 독서삼여(讀書三餘)를 말하였습니다. 농경시대의 유산 같습니다. 책읽기에 알맞은 세 가지 여가로 '겨울, 밤, 비가 내릴 때'를 말합니다. 그리고 독서삼도(讀書三到)를 말하였습니다. 글을 읽어 그 뜻을 이해하려면 세 가지에 집중하여야 하는데 '첫째는 마음(心

到), 둘째는 눈(眼到), 셋째는 입(口到)' 입니다. 또한 독서삼매(讀書三昧)를 말하였습니다. 오직 책읽기에만 골몰한 경지입니다. 며칠 전 한 신문사의 특별기획란을 보니 제목이 "Readers are Leaders" 였습니다. 아시는 대로 '책을 많이 읽는 사람치고 리더가 아닌 사람이 없다.' 는 뜻입니다.

"책은 절대 취미가 아닙니다. '인생의 과정' 으로, 죽을 때까지 인간의 피와 살을 만드는 양식과 같은 '삶의 영양소' 입니다."

이석연(55) 법제처장은 법조계에서도 유명한 '지식 노매드' (유목민)다. 동서양 고전문학에서부터 철학, 역사, 과학까지 섭렵한다. 지금도 1주일에 3권은 거뜬히 읽어낸다. 목차를 보고 주요 부분만 발췌해 읽는 책까지 따지면 1주일 독서량은 7, 8권. 매일 오후 10시부터 오전 1시까지는 이 처장만의 '독서시간' 이다.

"중학교를 졸업한 뒤 6개월 만에 대입 검정고시에 합격했습니다. 이대로 대학에 진학해서는 안 되겠다는 생각에 책을 싸들고 금산사에서 1년 8개월을 보냈습니다. 그때 서양 고전문학과 철학 서적을 300권 읽었는데, 그게 지금까지도 많은 도움이 됐어요."

1만여 권이 넘는 책을 소장하고 있고, 그 중 6천 권을 모교 도서관에 기증하기도 하였다.

"책에서 얻은 교훈은 실생활에서 써야 힘이 되는데, 너무 책을 안 읽으니까 모험, 도전정신, 창의성이 떨어집니다. '리더스 아 리더스'

(Readers are leaders)라는 말처럼 책을 많이 읽은 사람치고 리더가 아닌 사람이 없습니다. 젊은이여, 책에 푹 빠져라." - 문화일보, 3월 30일

부끄러운 마음으로 신문을 읽었습니다. 그러나 오후 5시에 포도원에 들어간 품꾼처럼 이제라도 독서의 즐거움에 빠지게 하신 주님을 찬양합니다.

오늘부터 '책만 읽어도' 160만 감리교회 독서운동에 동참합시다. 21세기 세계선교는 '책벌레' 였던 존 웨슬리의 후예인 한국 감리교회의 어깨에 놓여 있습니다. 세계는 나의 교구이고 우리는 모두 선교사입니다. (2009년 4월)

아들아! 책을 벗으로 삼아라

중국 고전에 나오는 말입니다. "일년지계(一年之計)로는 농사를 짓고 십년지계(十年之計)로는 나무를 심으매 종신지계(終身之計) 또는 백년대계(百年大計)로는 사람을 키운다." 그렇습니다. 사람을 키우는 일이 그만큼 중요하다는 것입니다.

5월은 가정의 달입니다. 자녀가 '큰 인물'이 되는 것은 모든 가정의 최고의 소망과 기도제목입니다. 그렇다면 한국교회의 큰 기도제목과 최고의 사역은 무엇이겠습니까? 하나님의 사람을 양육하여 세상에 증인으로 파송하는 일입니다.

인구로 보나 땅 크기로 보나 미국 중국과 비교하면 우리나라는 작은 나라입니다. 이 좁은 땅에 숨어 있는 지방 중 하나가 충북 음성일 것입니다. 음성 길을 달리다 보면 계속해서 '반기문 유엔 사무총장 생가' 안내 현판을 볼 수 있습니다. 참으로 자랑스러운 일이 아닐 수 없습니다. 반만 년 유구한 역사에 최고의 자랑거리라면 '사람' 뿐인데, 줄줄이 대통령이나 그 자녀들이 감옥에 가야 하는 현실은 우리 모두의 슬픔과 아픔이기도 합니다.

한반도의 10분의 1밖에 되지 않는 손바닥 만한 면적, 세계에 흩어진 유대인까지 계산해도 1,450만 명밖에 되지 않는 작은 나라 이스라엘은 어떠합니까? 우리가 잘 아는 대로 노벨상 수상자의 30%가 유대인입니다. 만일 우리나라가 그랬더라면 온 나라가 야단법석일 것이고, 방방곡곡에 '노벨상 수상자 생가' 안내판과 기념관을 세우고 관광객이 넘쳐날 것입니다. 이스라엘과 우리나라의 차이점이 어디에 있을까요? 물론 여러 가지 원인이 있겠지만, 13세 이전의 '인성교육'과 '독서'를 들 수 있습니다.

유대인의 집 거실은 예외 없이 도서관처럼 꾸며져 있고, TV는 아예 눈에 띄지 않는다. 유대인은 가정이나 학교에서 학습방법으로 최첨단 TV영상 대신에 책을 많이 읽게 하고 토론을 많이 시키기 때문이다.

　　　　　　　　　　　　　　　　　　　 – 현용수의 「인성교육 노하우」에서

탈무드에 나오는 어느 랍비의 유서입니다.

아들아! 책을 너의 벗으로 삼아라. 책장이나 책꽂이를 너의 기쁨의 밭, 기쁨의 뜰로 삼아라. 책의 동산에서 체온을 느끼려무나. 지식의 열매를, 그 침전물을 너의 것으로 삼아라. 지혜의 향료를 맛보아라.

　　　　　　　　　　　　　　　　 – 「탈무드의 처세술」 동아일보 2008

국민일보(2005년 6월 29일)에 나오는 토막상식입니다.

"담배 피우는 시간만큼도 책을 안 읽는 나라, 한국인들의 독서시간
이 '세계 꼴찌'라고 한다." 여론 조사기관 NOP월드가 세계 30개국 13
세 이상 3만여 명을 면접한 결과 한국인의 독서시간은 1주일에 3.1시
간으로 조사대상 30개국 중 최하위였다. 세계평균인 6.5시간의 절반
에도 못 미쳤다. 세계 최고의 '책벌레'는 주당 10.7시간 매일 1.5시간
가량을 독서하는 인도 국민이었다. 인도 학생들이 외국 대학에서 두각
을 나타내는 데 독서의 힘이 크다고 봐야 한다. 출판업계가 비명을 지
를 정도로 우리 국민은 책과 담을 쌓고 있다. 지난해 국민의 평일 독서
시간은 평균 8분, 하루 10분 이상 책을 읽는 사람은 12.7%에 그쳤다.
2003년 유엔 조사에서도 한국인의 한 달 독서량은 0.8권으로 세계 166
위. 한국인의 독서시간은 흡연자의 하루 흡연시간(20분)보다도 짧다.

푸른 5월의 주인공인 어린이들에게 책 읽는 즐거움을 보여 주고
인도하고 가르치는 운동을 시작해야 합니다. 모든 교회가 오늘부터
'책만 읽어도' 160만 감리교회 독서운동에 동참합시다. 21세기 세계
선교는 '책벌레'였던 존 웨슬리의 후예인 감리교회의 어깨에 놓여
있습니다. 세계는 나의 교구이고 우리는 모두 선교사입니다.

(2009년 5월)

비전과 뜨거운 가슴만 있으면 됩니다

예수님처럼! 바울처럼! 낮엔 해처럼! 밤엔 달처럼! 이렇게 살 수 없을까요? 언제까지 한숨 쉬며 회개하는 수레바퀴의 삶을 계속해야 할까요?

고인이 되신 노무현 대한민국 16대 대통령의 장례 기간 중 지는 해와 더불어 역사의 현장을 밟으면서 기도하고 또 기도하였습니다. 누가 누구에게 돌을 던지겠습니까? 나라와 민족의 아픔이고 훈련의 과정이라고 생각하면서 드리는 기도제목입니다. "나와 우리 감리교회가 그물에 걸리지 않는 바람처럼 살 수 없을까?"

고대 로마의 신화에 모네타(Moneta)라는 여신이 있습니다. 사람들에게 위험을 미리 알려 주는 '경고의 여신'이었습니다. BC. 390년쯤 갈리아인이 로마를 기습 침공하였을 때, 로마인들이 기르는 거위들이 갑자기 울어대서 그 위험을 알렸습니다. 그래서 로마인들은 모네타 여신에게 감사제를 올렸다는 기록이 있습니다. 재미있는 것은 바로 이 모네타가 오늘날 머니(Money)의 어원이 됐다는 사실입니다. 돈이 거위의 울음이고, 흥망성쇠의 경고음이기도 합니다.

돈, 돈, 돈…. 돈이 문제입니다. 어떻게 하면 돈을 초월하고, 돈을 정복하고, 돈을 사용하여 낙타가 바늘귀를 통과하듯 천국을 통과할 수 있을까요? 그런 의미에서 감리교회는 참으로 자랑스러운 교회이고, 우리는 모두 축복받은 사람들입니다. 왜냐하면 좋은 모델인 믿음의 조상을 선물 받았기 때문입니다.

1791년 3월 2일 88세를 일기로 한평생을 마감한 존 웨슬리는 '돈' 문제를 중심으로 거룩한 삶과 거룩한 죽음을 신앙 예술로 승화시킨 최고의 멘토요, 스승입니다.

참으로 힘들고 어려운 이때에 자랑스러운 우리 감리교회가 할 수 있는 최선과 최고는 무엇일까요? 6,000교회가 학교가 되는 것입니다. 교회가 세우는 학교는 건물이 필요 없습니다. 예산(돈)이 필요 없습니다. 비전과 뜨거운 가슴만 있으면 됩니다. 출판국(도서출판 kmc)이 앞장서는 '가정예배회복운동'과 더불어 '책만 읽어도' 독서운동의 나팔을 불면 됩니다.

「존 웨슬리의 생애」 한 권만이라도 정독하고 독후감을 쓰고 퀴즈 대회도 하고 서평을 나누며 기도의 제목을 나눈다면, 교회의 분위기가 바뀔 것입니다. 무늬만의 감리교회가 아니라 한 시대를 살리는 데 쓰임 받는 세계적인 일꾼들이 나오게 될 것입니다. 고 김수환 추기경의 인생덕목 키워드를 소개합니다. (「시대정신」 여름호 : 봉두완)

말 – 말을 많이 하면 필요 없는 말이 나온다. 양 귀로 많이 들으며, 입은 세 번 생각하고 열라.

독서 – 수입의 1%를 책을 사는 데 투자하라. 옷이 해어지면 입을 수 없어 버리지만 책은 시간이 지나도 위대한 진가를 품고 있다.

노점상 – 노점상에서 물건을 살 때 깎지 말라. 그들에게 그냥 돈을 주면 나태함을 키우지만 부르는 대로 주고 사면 희망과 건강을 선물하는 것이다.

웃음 – 웃는 연습을 생활화하라. 웃음은 만병의 예방약이고, 치료약이며, 노인을 젊게 하고 젊은이를 동자(童子)로 만든다.

TV(바보상자) – 텔레비전과 많은 시간 동거하지 말라. 술에 취하면 정신을 잃고 마약에 취하면 이성을 잃지만 텔레비전에 취하면 모든 게 마비된 바보가 된다.

성냄 – 화내는 사람이 언제나 손해를 본다. 화내는 사람은 자기를 죽이고 남을 죽이며 아무도 가까이 오지 않아서 외롭고 쓸쓸하다.

기도 – 기도는 녹슨 쇳덩이도 녹이며 천 년 암흑 동굴의 어둠을 없애는 한 줄기 빛이다. 주먹을 불끈 쥐기보다 두 손을 모으고 기도하는 자가 더 강하다.

이웃 – 이웃과 절대로 등지지 말라. 이웃은 나의 모습을 비추어 보는 큰 거울이다. 이웃이 나를 마주할 때 외면하거나 미소를 보내지 않으면, 목욕하고 바르게 앉아 자신을 곰곰이 되돌아봐야 한다.

사랑 – 머리와 입으로 하는 사랑에는 향기가 없다. 진정한 사랑은 이해, 관용, 포용, 동화, 자기 낮춤이 선행된다. 사랑이 머리에서 가슴으로 내려오는 데 70년이 걸렸다.

오늘부터 '책만 읽어도' 160만 감리교회 독서운동에 동참합시다. 21세기 세계선교는 '책벌레'였던 존 웨슬리의 후예인 한국 감리교회의 어깨에 놓여 있습니다. 세계는 나의 교구이고 우리는 모두 선교사입니다. (2009년 6월)

존 웨슬리는 문서선교의 왕

아무리 외치고 전해도 본부에 대한 오해와 불신은 어찌할 수가 없는 십자가 같습니다. 특별히 출판국(도서출판 kmc)은 본부 부담금으로 운영하지 않을 뿐 아니라 지원금 없이 영업이익으로만 월급과 관리, 그리고 세금을 내야 합니다. 〈교리와 장정〉과 〈본부내규〉에 따라 11명 직원(총무와 부장 2명은 목사)으로 정기간행물(기독교세계, 강단과 목회, 신앙과 교육)과 수많은 교회학교 교재(속회공과, 하늘양식 포함), 그리고 단행본을 제작해서 6,000교회와 전국 기독교서점(400여 곳)을 상대로 영업을 합니다. 가장 힘들고 어려운 것은 '미수금' 이라 외치고, '감리교회 교과서인 공과를 사용하자' 고 광고하고 기도해도 넘지 못하는 태산이요, 건너지 못할 강이 아닐 수 없습니다.

우리가 아는 대로 감리교회 운동의 위대한 통로는 존 웨슬리의 출판 사업을 통한 문서보급이었습니다. 만약에 웨슬리가 출판문서보급에 실패했다면 감리교회 운동은 실패하였을 것입니다. 존 웨슬리는 58년 동안(1733~1791) 동생 찰스 웨슬리와 함께 450여 종의 책을 저술·출판하였습니다. 존 웨슬리는 위대한 출판 사업가였습니다. 존 웨슬리는 문서선교의 왕이었습니다.

존 웨슬리의 출판 목적은,

·자기 자신의 경건생활을 위함이었습니다. 그에게 있어 쓰는 것과 읽는 것은 영성훈련과 경건생활 자체였습니다. 말이나 마차 여행 시에도 독서하고 저술하였습니다.

·메도디스트의 교육을 위해서입니다. 그 당시 감리교인 중에는 문맹이 많았습니다.

·감리교회의 신앙교육을 위해서입니다. 야외집회에서 수많은 군중을 상대로 한 설교만으로는 오늘의 감리교회를 세울 수 없었을 것입니다. 조직(속회)과 출판을 통한 문서선교로 감리교회를 튼튼하게 세운 것입니다. 특별히 필독서를 통해 신학교를 세우지 않고도 감리교회 지도자(설교자, 목회자) 교육이 가능하였습니다.

·속장, 인도자, 성도에게 찾아갈 수 없어도 문서선교가 가능했습니다.

·당시 감리교도가 받는 오해와 핍박을 변증하기 위해서입니다. 종교적이고, 이성적인 사람들에게 보내는 호소를 통해 왕이 감동을 받아 감리교인을 핍박하지 말라고 했으며, 존경받는 감리교회가 된 것입니다.

·사회개혁과 계몽을 위하여 문서선교운동은 지대한 공헌을 한 것입니다.

이제 수많은 세월이 흘렀지만 한국 감리교회는 21세기 존 웨슬리가 되어 민족과 세계를 섬겨야 합니다. 그러므로 본부 출판국(도서출판 kmc)은 좋은 책을 많이많이 발간해야 합니다. 그리고 6,000교회 160만 성도는 '출판국'이 큰 나무가 되어 사명을 감당하도록 키워 주셔야 합니다.

'독서운동'을 일으켜야 합니다. 감리교회 모든 가정에서 자녀들이 즐겁고 자연스럽게 독서할 수 있는 분위기를 조성하고, 동기를 부여하는 부모가 되도록 훈련하고 교육시켜야 합니다. 그리고 모든 교회가 지혜로운 방법으로 독서운동을 시작한다면, 독서를 통한 만 가지 유익을 경험할 뿐만 아니라 교회 부흥과 성장은 이슬비에 옷이 젖듯이 필연적으로 이루어지게 될 것입니다. 이를 위하여 출판국은 2년의 기도와 준비로 웨슬리출판문화원을 개설하고(원장 우병설 목사, 광명중앙교회) 첫 작품으로 1페니북 시리즈 제1권 「행복한 삶, 거룩한 죽음」(68쪽, 1,900원)을 발간하게 되었습니다.

아무쪼록 흥미로운 독서세계의 문을 열고, 감리교회뿐 아니라 1,000만 한국교회와 불신자들에게도 전도지가 되며, 세상을 변화시키는 불씨가 되기를 기도하면서 협조와 기도를 부탁드립니다. 빨리도 말고 느리지도 않게 1페니북을 통해 독서를 '식사하는 것처럼! 운동하는 것처럼! 건강을 관리하는 것처럼!' 총동원하여 시작한다면 봄 햇살이 언 땅을 녹이고 새싹이 돋아 꽃 피어 열매를 맺듯이 깜짝 놀랄 기적으로 교회를 세울 것입니다.

'책만 읽어도' 160만 감리교회 독서운동에 동참합시다. 물마시고 밥을 먹듯이 책을 읽어야 합니다. 책 읽는 목사, 책 읽는 교회가 되어야 합니다. 21세기 세계 선교는 존 웨슬리 후예들의 어깨에 놓여 있습니다. 세계는 나의 교구이고 우리는 모두 선교사입니다. 감리교회가 희망입니다. (2009년 7 · 8월)

거룩한 독서운동으로 일어서자

　금년 여름은 긴 장맛비와 이어진 무더위로 정말 고통스러운 시간이었습니다. 그러나 이열치열이라는 말처럼, 독서의 열기 속에 빠져들면 최고의 행복한 피서가 될 수 있습니다. 독서운동은 개인이나 단체의 몫은 아니라고 생각합니다. 보릿고개를 없앤 박정희 대통령의 새마을운동처럼 거국적으로 일어나야 합니다. 한국교회가 이 일에 앞장서야 합니다. 사실 육신의 배고픔을 몰아낸 새마을운동 못지않게 중요한 일이기 때문입니다.

　육체보다 중요한 것이 정신이고, 정신보다 중요한 것이 영원히 사는 영혼입니다. 인간답게, 하나님 자녀답게 살 수 있는 최고의 지름길이 '영적 독서'에 있음을 아무도 부인하지 못할 것입니다.

　대학입시에 논술과목이 생겨 독서는 필수가 되었지만, 모든 자녀에게 또 다른 짐이고 부모들의 허리띠를 졸라매게 하고 있음도 사실입니다. 책을 많이 읽으면 좋은 대학에 가고, 또 책을 많이 읽으면 출세하고 부자도 될 수 있습니다. 그러나 독서는 물마시고 밥을 먹는 것처럼 자연스럽고도 행복한 일이 되어야 합니다. 전문도서를 많이 읽어서 리더가 되고 회장이 되고 대통령이 된다 해도, 지친 삶을 견딜 만한 힘이 없다면 무슨 소용이 있겠습니까? 국민소득 2만 불에 세계 10위권 경제대국이 되어도 술 소비 세계 1위, 자살 세계 1위라면 교회는 세상의 소금과 빛이 될 수 없습니다. 맛 잃은 소금은 밟히기 마련이고, 말 아래 등불은 꺼지기 마련입니다.

그렇습니다. 이제 교회가 일어나야 합니다. 세상의 독서가 아니라 거룩한 독서운동을 위하여 겨자씨를 심어야 하고 밀가루 반죽에 누룩을 넣어야 합니다. 대통령이나 장관이 하지 못하는 일을 목사는 할 수 있습니다.

일찍 어머니를 잃고 세무공무원이던 아버지에게 불효자였던 조지 뮬러는 탕자의 삶을 살았습니다. 그러나 20세에 회심해서 93세에 천국에 입성했으니 73년 동안 신앙생활하면서 5만 번 기도응답을 받은 고아의 아버지가 되었습니다. 날마다 2회씩 기도응답을 체험한 것입니다. '5만 번의 기도응답'은 회심 후 그가 읽은 3권의 전기에서 나온 것입니다.

첫 번째는 27세 때 읽은 프랑케(1663~1727)의 전기입니다. 그는 독일 경건주의 운동의 대표로서, 1696년경 프러시아 할레에서 고아원을 시작하여 1727년까지 약 30년간 오직 믿음으로 하나님만 의지하여 2천여 명의 고아를 돌본 인물입니다.

두 번째는 30세 때 읽은 존 뉴턴(1725~1807)의 전기입니다. 노예 선장으로 방탕하게 살던 중 23세에 회심을 하고 26세부터 평생 일기를 쓰면서 영적 성장을 도모한 인물입니다. 평생 일기를 쓴 것은 조지 뮬러 또한 마찬가지였습니다. 그래서 그는 5만 번 기도응답의 일기를 쓴 주인공이 되었던 것입니다.

세 번째는 35세 때 읽은 조지 휫필드(1714~1770)의 전기입니다. 그는 18세기 가장 위대한 부흥사로 22세에 설교를 시작해서 56세에 죽기까지 33년 동안 영적 부흥을 일으킨 하나님의 도구입니다. 조지 휫필드처럼 "무릎을 꿇고 성경을 읽는 것과 성경을 근거로 기도하는 습관"을 배웠습니다.(「큰 인물 독서법」 전기를 읽으면 인생이 바뀐다, 백금산 10~11쪽)

뜻 있는 그리스도인들은 모두 한국교회의 위기를 말하고 있습니다. 그러나 위기는 곧 기회입니다. 진리는 멀리 있지 않고 등잔 밑에 있습니다. 희망은 파랑새나 무지개가 아니고 보편적 진리이기에 누구나 쉽고도 편하게 할 수 있는 일입니다. 가슴만 뜨거우면 시작하게 됩니다. 그리고 드디어 시작하였습니다. 출판국(도서출판 kmc)과 함께하는 '웨슬리출판문화원'이 겨자씨를 심었습니다. 밀가루에 누룩을 넣었습니다. 첫 번 작품은 존 웨슬리처럼 1페니북을 시작한 것인데, 이것은 존 웨슬리의 자서전 마지막 부분(「존 웨슬리의 생애」, 김진두)으로 제목은 「행복한 삶, 거룩한 죽음」입니다. 입소문을 타고 500권씩, 1,000권씩 구입하는 교회 때문에 출판국의 여름은 잔치 마당이었습니다.

· 1페니북은 하나님이 최고로 기뻐하시는 전도용 책 겸 전도지입니다. 사랑하는 친척과 이웃에게 사랑을 담은 편지를 보내면(첫 장에 카드용 편지지가 있습니다) 최고의 전도지가 될 것입니다. 전도지가 무시당하고 짓밟히는 이때에 정성을 들여 온 교회가 자비량으로 사용토록 격려하면 낱장의 전도지보다 제 값을 다하고도 남을 것입니다.
· 존 웨슬리의 아름다운 예수의 삶을 알림으로써 교인들에게 감리교회의 정체성을 심어 자부심을 갖게 하고 교회 밖으로는 실추된 감리교회의 위상을 높일 뿐 아니라 하나님께 영광을 돌리는 삶을 살게 하는 국민 교과서로서의 몫을 감당할 것입니다.

주님의 은혜로 달려온 출판국은 제3회 가을바자회와 함께 숙원사업인 물류창고를 건축하고, 모든 선교사님에게 「기독교세계」를 보내드리는 일을 시작할 것입니다. 그리고 UMC가 낳은 최고의 제자훈련 교재인 「제자」 출판과 교육국과 함께하는 세미나를 시작으로 말씀(성경) 충만을 통한 성령 충만의 감리교회가 되도록 교회를 섬길 것입니다. 할렐루야! 모든 영광을 주님께 돌립니다. (2009년 9월)

소통과 나눔

낙엽이 우수수 떨어질 때

겨울의 기나긴 밤

어머님하고 둘이 앉아

옛 이야기 들어라

나는 어쩌면 생겨나와

이 이야기 듣는가?

묻지도 말아라. 내일 날에

내가 부모 되어서 알아보랴?

(김소월의 시 : 부모)

지난 세월을 되돌아보면 후회할 것이 너무나 많습니다. 천고마비 시절에 독서의 계절입니다. 지난날이 후회되어 잔소리 아닌 피 섞인 사랑의 메시지를 전하는 것입니다. 먼 나라에 있는 어린 손녀들에게 전합니다.

'책만 읽어도'

얼마나 행복한 줄 아느냐?

얼마나 지혜로운 줄 아느냐?

얼마나 유익한 줄 아느냐?

얼마나 성장한 줄 아느냐?

얼마나 믿음이 자라는 줄 아느냐?

얼마나 성공의 지름길인 줄 아느냐?

...

고도원의 아침편지 회원이 200만 명을 돌파하였습니다. 대단한 역사이고 영향력입니다. 그의 고백입니다.

"아버지께서 물려주신 책은 아버지의 모든 것입니다. 책 읽는 습관은 아버지가 저에게 물려준 눈물이고 숨결이고 영혼이고 유산입니다. 아버지는 시골교회 목사님이셨습니다. 지금도 많은 분이 선친은 늘 손에 책을 들고 있었던 분이라고 기억을 합니다. 돈이 귀하던 그 시절, 돈만 생기면 아버지는 책방에 가서 밀린 외상값을 갚고 책도 하나 새로 끼고 오셨습니다.

'너희 아버지 책 사는 바람에 내가 아주 못살겠다.' 라는 어머니 말씀에 저는 아버지를 나쁜 사람이라 생각하기도 했습니다. 책 읽는 습관은 아버지가 저에게 물려준 유산입니다. 아버지는 회초리로 때려가면서 책을 읽게 하셨습니다. 저에게 서재는 삶 자체입니다. 책이 쌓인 서재는 곧

제가 일하는 공간이자 '아침편지'를 쓰고 사람을 만나는 공간입니다. 저의 아버지가 어느 날 72세를 일기로 세상을 떠나셨습니다. 저는 시간이 나면 책장에 서서 아버지가 물려주신 책들을 뒤적이곤 합니다. 그리고 아버지가 그어놓은 밑줄들을 발견합니다. 그 밑줄 친 대목을 두 번 세 번 읽다보면 어느덧 돌아가신 아버지의 숨결과 감동을 느끼게 됩니다."

한 권의 책이 한 사람의 운명을 바꿀 수 있습니다. 그 속에 적힌 말 한 마디가 인생을 바꿀 수 있습니다. 거창하게 운명과 인생을 말하지 않아도 좋습니다. 좋은 책에서 뽑은 좋은 말 한 마디는 한 사람의 몸과 마음을 건강하고 행복하게 해 주는 마음의 비타민이 될 수 있습니다. 감동과 기쁨, 사랑과 희망, 힘과 용기가 될 수 있습니다.

출판국(도서출판 kmc)이 드디어 감리교회 모든 파송 선교사님들에게 「기독교세계」를 보내드리게 되었습니다. 국제전화로 인터넷으로 과찬의 인사를 듣게 됩니다. 사실은 진작 결단을 했어야 하는 일인데 적지 않은 발송비가 큰 짐이 되었습니다. 「기독교세계」가 오병이어가 되어 선교사님들에게 격려가 되고 독서의 즐거움과 유익이 넘치시기를 기도합니다.
2009년 9월 18일 본부 홈페이지 자유게시판에 올라온 글입니다.

엊그제 「기독교세계」 9월호를 우편으로 받았습니다.

출판국 총무이신 김광덕 목사님의 선교사들을 향한 따뜻한 배려와 기도의 편지와 함께….

고국에 있을 때 매월 받아 읽던 책인데,

선교지에 나와서는 그 존재마저도 까마득히 잊고 있었는데,

얼마나 반가운지 눈물이 다 났습니다.

한 장 한 장 넘기며 고국의 소식을 보니 가슴이 뭉클합니다.

늘 감리교 홈페이지를 통해서 소식을 알고 있지만

「기독교세계」를 보면서 느끼는 감동은 또 다른 것이었습니다.

감사합니다.

선교지에 나가 있는 선교사들을 격려하심에 감사드립니다.

책 고맙게 잘 보고 열심히 사역하겠습니다.

출판국의 부흥을 위해 기도합니다.

– 싱가포르에서 황성호 올림

(2009년 10월)

책을 읽으면

　이른 새벽부터 천둥소리 요란합니다. 한가을인데 한여름 폭풍우가 웬일입니까? 출판국이 수개월을 준비한 제3회 바자회 첫날입니다(10월 19~20일). 금년에는 의욕적으로 기간을 2일로 늘렸는데, 안타까운 마음으로 새벽예배를 다녀왔습니다. 엎친 데 덮친 격으로 출판국이 큰 죄인이나 된 것처럼 전화벨 소리는 요란합니다. 인터넷은 태풍입니다. 그러나 세미하게 들려주시는 사랑의 속삭임에 새 힘을 얻습니다.

　　"우리가 알거니와 하나님을 사랑하는 자 곧 그 뜻대로 부르심을 입은 자들에게는 모든 것이 합력하여 선을 이루느니라."(롬 8:28)

　개는 짖어도 기차는 달리고 또 달려야 합니다. 그렇게 사는 것이 주님의 은혜이고, 은혜 받은 자의 마땅한 삶입니다. 주님께서도 그렇게 살도록 모범을 보여 주셨습니다. 출판국(도서출판 kmc)은 더 많은 위로와 격려 그리고 신뢰 속에 그리스도의 남은 사명을 다하기 위해 달려갑니다. '문서선교사의 사명'은 막중하고도 위대한 사역이기에 160만 성도와 6,000교회를 섬기는 것이 기쁨이요, 보람입니다. 이를 위해 1페니북 시리즈 1권「행복한 삶, 거룩한 죽음」은 2만 부 출판을, 2권「페터레인의 기적」은 3만 부 출판을, 3권「사랑의 혁명」은 2010년「속회공과」 부록으로 13만 부 출판합니다. 존 웨슬리 영성으로 충만한 '21세기 한국 감리교회'를 꿈꾸면서 2010년을 준비하고 있습니다. 함께 춤추고, 함께 노래하며, 함께 걸어가는 감리교회가 되기를 기도하면서 '책만 읽는 감리교회'가 아니라 '책을 읽는 감리교회'가 될 줄 믿고 감사를 드립니다. 책을 읽는 감리교회와 대한민국을 생각해 봅니다. 행복한 미소와 함께 엔도르핀이 흐릅니다.

책을 읽으면

· 삶에 여유가 생깁니다.

· 조각난 시간을 허비하지 않습니다.

· 독서를 통하여 얻는 기쁨과 행복은 체험한 자만이 느낄 수 있습니다. 그래서 그 옛날 초등학교 때부터 취미란에 '독서'라고 쓰는 것입니다.

· Readers are Leaders입니다. 순간의 선택이 일생을 좌우합니다. 독서의 삶은 분별력과 선택에 있습니다. 특별히 살기 어려운 세상, 언제 불어닥칠지 모르는 위태한 삶 속에서 위기 대처 능력은 하루아침에 오지 않을 뿐 아니라 스스로 선택해야 할 십자가입니다.

· 독서는 지식과 지혜의 깊은 샘입니다. 교만한 사람이 누구입니까? 항상 배우기를 힘쓰는 자는 누구입니까? 참으로 겸손한 자는 끊임없이 독서의 삶을 사는 자입니다. 관계 속에 살아가는 인생은 지식과 지혜가 있어야 합니다. 교회생활도 사회생활도 가정생활도, 그리고 나 홀로의 삶도 스스로 되는 일은 세상에 하나도 없습니다. 관계 속에서 배우고 훈련하고 성장하고 성숙됩니다. 최고의 지식과 지혜의 채널은 독서입니다. 책 속에서 저자와 만나고 사건과 만나고 역사와 만납니다.

· 짧은 인생을 건강하게 사는 육체의 건강, 정신의 건강, 영혼의 건강비결입니다. 건강한 교제는 다양한 독서 속에서 발굴할 수 있습니다. 독서는 건강한 삶의 광산입니다.

· 행복한 가정생활의 비결 역시 독서에 있습니다. 남편과 아내, 아버지와 어머니 교육을 한 번도 제대로 못 받고 황홀한 웨딩마치 속에 결혼생활을 시작하고 자녀를 낳아 키워냅니다. 지난날을 뒤돌아보면 기적이 아닐 수 없습니다. 책 속에 길이 있는데, 길 없이 길을 내면서 사는 가정생활이 성공했다면 100% 하나님의 은혜입니다.

오늘부터 '책만 읽어도' 160만 감리교회 독서운동에 동참합시다. 21세기 세계선교는 '책벌레'였던 존 웨슬리의 후예인 한국 감리교회 어깨 위에 놓여 있습니다. 세계는 나의 교구이고 우리는 모두 책 읽는 감리교인입니다. (2009년 11월)

📖

주여! 나를 보내소서

지난 11월 14일 부산 중구 신창동 '가나다라 실내 사격장'에서 화재 참사가 일어났습니다. 10명의 사망자와 6명의 중상자 중 대부분이 일본 관광객이었습니다. 대통령이 일본 수상에게 사죄하고, 국무총리가 사고현장의 유족들 앞에 무릎을 꿇었습니다.

국치일이 따로 있겠습니까? 참으로 부끄럽고 안타까운 일입니다. 세계 기독교선교역사에서 최고로 성장한 한국교회. 2만 명의 선교사를 보내는 한국교회와 천만 성도. 일본의 기독교와 숫자로는 게임이 되지 않습니다. 그러나 세계 어디를 가도 인정받고 존경받는 나라는 일본입니다. 우리나라와 가장 가깝고도 먼 나라 일본. 일본을 배우고 일본을 추월해서 일본의 영혼을 구원해야 합니다. 이 일을 위하여 한국교회가 세상을 향하여 기쁘고도 가볍게 짐을 져야 합니다. 교회 중심의 신앙에서 세상을 향하는 교회로 탈바꿈해야 합니다. 교회에만 충성하는 제자가 아니라 세상을 섬기는 제자입니다. 제자는 훈련으로 태어납니다. 제자는 교육으로 태어납니다. 그러므로 교회는 '영성

훈련'으로 모든 성도가 성령을 체험하고 예수가 그리스도임을 사실적으로 고백하는 증거가 있어야 합니다. 이것은 평생 해야 하는 신령한 사역입니다. 한눈팔면 큰일입니다. 평생 가르쳐야 합니다. 그것이 '교육'입니다. 성령의 기름부음과 제자훈련 두 마리 토끼를 잡아야 합니다. 이를 위하여 출판국은 ① 가정예배 회복을 외치고 있습니다. ② '책만 읽어도' 독서운동을 부르짖고 있습니다.

열흘에 1권씩…일(日) 초등생 독서량 사상 최대. 아침독서, 사서교사 도입. 98년부터 가파르게 성장. 한국은 통계조차 안 나와(2009. 11. 14 ○○일보, 헤드라인 기사)

일본 초등학생이 도서관에서 책을 빌려 보는 연간 대출건수가 1인 평균 35.9권으로 53년 만에 최대치를 기록했다. 열흘 만에 한 권씩 읽은 셈이다. 일본 요미우리 신문은 13일 문부과학성 "사회교육조사"를 인용 2007년 기준 일본 전국의 도서관에 등록한 초등학생은 399만 명이며, 이 같은 이용 증가는 1954년에 이 조사를 시작한 뒤 사상 최대라고 보도했다. 이는 학교마다 사서(司書)교사를 두게 한 제도와 등교 후 10분씩 책을 읽게 하는 '아침독서' 운동이 주효했다고 분석했다. 이 운동에 참여하는 학교는 2,000년 전체의 70%에서 2008년 90%로 늘었다. 일본에서는 컴퓨터 게임과 TV시청에 몰두하는 어린이들에게 독서에 관심을 갖게 하기 위해 1997년 학교 도서관법을 개정, 사서 교사제를 도입했으며, 이듬해인 1998년부터 교육현장에서 사서교사가 독서지

도활동을 벌여 왔다.

우리나라의 현실은 어떠합니까? 문화관광체육부가 발표한 '2008 국민독서실태 조사결과'에 따르면 초등학교 때 하루 52분이던 독서 시간은 중학교 땐 38분, 고등학교 땐 34분으로, 성인이 되면 28분으로 줄어들어, 성인 10명 중 3명이 1년에 책을 한 권도 읽지 않을 뿐 아니라 연간 도서구입비도 9,600원에 불과하다고 합니다.

누가 이 일을 감당해야 합니까? '책 읽는 도시 김해'는 어딜 가나 도서관입니다. 2년 전 책 읽는 도시로 선포한 지도자(김종관 시장) 한 사람의 영향력 때문입니다. 누가 이 한 사람이 되겠습니까?

주여! 내가 여기 있사오니 나를 보내소서. 최근에 출간한 「춤추는 목회」(윌리엄 이섬 지음, 안승철 옮김)를 읽으면서 춤을 추었습니다. 책 속에서 저자를 만나고, 책 속에서 주님의 음성을 듣고, 책 속에서 춤추는 목회의 비밀을 발견했기 때문입니다. 모든 지도자가 억지로라도 어린 자녀에게 밥을 먹이듯 52주 365일 1년 동안 '속회공과 1권, 하늘양식 1권, 1페니북 1권'이라도 값을 치르고 읽을 수 있게만 해도 얼마나 좋을까요? 안타까운 마음으로 외치며 기도합니다.

오늘부터 '책만 읽어도' 160만 감리교회 독서운동의 지도자가 되시기를 바랍니다. 21세기 세계선교는 '책벌레'였던 존 웨슬리의 후예인 한국 감리교회 어깨 위에 놓여 있습니다. (2009년 12월)

새해의 소망

가슴 설레는 새해입니다. 지난 한 해를 뒤돌아보면 상황은 절망입니다. 그러나 성령이 임하시면 언제나 창조와 부흥의 역사가 일어나기 마련입니다. 성경은 젊은이들은 환상을 보고, 늙은이들은 꿈을 꾼다고 말씀합니다(행 2:17). 그렇습니다. 늙은이들이 꿈을 꾸어야 젊은이들이 환상을 봅니다. 하나님은 지난 2009년 출판국(도서출판 kmc)이 교회가 환상을 보는 꿈을 꾸도록 기도하면서 헌신의 삶을 살 수 있게 은혜를 주셨습니다. 그래서 외치고 또 외쳤습니다.

핵심은 '성령 충만의 기름부음'이고, 핵심 사역은 '책만 읽어도' 160만 감리교회 독서운동이었습니다. 핵심 목적은 존 웨슬리의 영성으로 교회의 DNA를 바꾸는 것이었습니다. 그래서 1페니북(1권 「행복한 삶, 거룩한 죽음」, 2권 「페터레인의 기적」, 3권 「사랑의 혁명」) 18만 권을 출판하였습니다(정가 1,900원). 아무리 원해도 한국교회의 자랑인 30여 종의 존 웨슬리 도서가 팔려나가지 않기 때문입니다. 존 웨슬리를 모르는 6,000교회 160만 성도가 무슨 정체성이 있고, 자부심이 있겠습니까. 12,000명의 장로님과 교회임원들이 존 웨슬리를 알아야 바른 기도를 할 수 있고, 목사님들의 목회도 행복하리라 확신합니다. 처음 감리교회는 평신도들의 역사였음을 아실 것입니다.

출판국(도서출판 kmc)은 본부 부담금의 후원 없이 자립으로 운영함을 모르고, 무료로 도서기증을 원하시는 교회의 안타까운 하소연을 알고 있습니다. 책은 아무리 어려워도 돈을 지불하여야 완독의 기쁨과 열매를 거둘 수가 있습니다.

2010년 출판국은 교회에 '웨슬리서점 열기운동'을 시작합니다. 새해에는 6,000교회 모두 웨슬리도서관을 개설하는 운동이 활화산처럼 일어나기를 소원합니다. 출판국은 개설예배에 동참하여 현판을 달아드리고, 파격적인 가격으로 존 웨슬리 도서를 공급해 드리겠습니다. 또한 담임목사님들에게 인센티브도 드리겠습니다.

우리가 잘 아는 대로, 웨슬리는 21세에 옥스포드 링컨 칼리지 펠로우(fellow)였습니다. 그런데 그런 웨슬리가 선교사로 나갔던 조지아주 사바나를 떠나기 직전에는 겨우 3명만이 예배에 참석했을 만큼 철저히 실패하였습니다. 절망에 젖어 1738년 2월 1일 런던의 딜(Deal) 항구에 도착합니다. 그러나 어두운 후에 빛이 오기 마련입니다. 절망하면 하나님을 사모하기 마련입니다. 올더스게이트(1738. 5. 24) 체험과 페터레인의 기적(1739. 1. 1) 이후 항아리에 담긴 맹물이 포도주로 변화되었습니다. 세계를 교구로 최고의 교회인 감리교회를 세운 것입니다. 웨슬리의 설교처럼 새해에는 출판국과 동행하시기를 간절히 소원하며 기도합니다.

당신이 할 수 있는 모든 것을 베풀어라(Do all the good you can)

당신이 할 수 있는 모든 수단을 동원해서(by all the means you can)

당신이 할 수 있는 모든 방법으로(in all the ways you can)

당신이 할 수 있는 모든 곳에서(in all the places you can)

당신이 할 수 있는 모든 사람에게(to all the people you can)

당신이 할 수 있는 한 오래도록(As long as ever you can)

주여! 새해에는 교회마다 '웨슬리서점'으로 신실한 감리교회가 되게 하소서. 21세기 세계선교는 '책벌레'였던 존 웨슬리의 후예인 한국 감리교회 어깨 위에 놓여 있습니다. 세계는 우리의 교구이고 우리는 모두 책 읽는 감리교인입니다. (2010년 1월)

독서모임, 풍성한 인생의 통로

언젠가 신문에서 읽은 기사내용입니다. 예일대학연구소가 '건강을 위한 12가지 음식'을 발표했는데, 바로 토마토, 시금치, 오렌지, 브로콜리, 연어, 차, 호두, 블루베리, 콩, 대두, 귀리, 호박입니다. 그 중 결혼식이나 뷔페에 가면 빼놓지 않고 먹는 음식이 연어였습니다. 그런데 웬 날벼락입니까? 연어를 붉게 만들기 위하여 우리 몸에 치명적으로 해로운 화학약품을 썼다는 기사를 보았습니다. 그것도 호텔 뷔페에서 행한 일이니 할 말이 없습니다. 음식으로 우리 몸을 건강하게 하는 것에는 한계가 있습니다. 음식 외에 무엇으로 우리의 건강을 지킬 수 있을까요?

매월 출판국(도서출판 kmc)이 발간하는 「기독교세계」 원고를 발간 전에 미리 읽고, 책이 나오면 읽고 또 읽으면서 행복감에 젖고 새 힘을 얻습니다. 적은 인원으로 숨 가쁘게 만드는 직원들에게 감사한 마음을 가지고 읽고 또 읽습니다. 더욱이 감사한 것은 기독교잡지협회가 주는 2009년 최고의 잡지상을 수상한 것입니다. 참으로 감사하고

축하할 만한 소식이 아닐 수 없습니다.「기독교세계」는 몸과 마음과 영혼을 살찌우며, 건강하게 하는 보약과 같습니다. 온 교회가 하나 되어「기독교세계」구독자가 된다면 얼마나 좋을까요? 160만 성도, 6,000교회가 정체성을 가지고 자연스럽게 성장할 것이라는 생각을 하면서 또 다른 제언을 해 봅니다.

크고 작은 모든 교회가 독서모임을 만드는 것입니다.

학연과 지연의 모임도 아니고, 정치적인 모임은 더더욱 아닙니다. 웬만한 교회가 운영하는 탁구, 테니스, 축구, 골프 등 취미모임보다 독서모임을 먼저 만드는 것입니다.

· 짧은 인생 나그넷길에서 시간을 절약해 줄 것입니다. 매년 쏟아져 나오는 7만 권의 책을 다 읽을 수 있겠습니까? 독서모임이 해결해 줄 것입니다.

· 도서구입비를 절약해 줄 것입니다.

· 혼자서 좋은 일을 계속하여 습관화하기는 쉽지 않은 법입니다. 독서에 앞서가는 멘토와 함께 독서모임을 만들어 동행한다면, 최고의 친구도 사귀고 독서삼매경 속에 성공하는 인생이 될 것입니다. 물론 시간과 경비를 허비하고 영혼까지 병들어 망하게 하는 악서(惡書)나, 읽으나 마나 한 휴지보다 못한 책은 얼씬도 못할 것입니다.

대한민국은 '세계선교 2위 국가' 요, 'G20 정상회의 개최국가' 가 되었습니다. 그러나 세계 178개 국가 중 행복지수는 102위인 부끄러운 나라입니다. 행복은 어디에서 오는 것일까요? 미국에는 상류층 사람들의 독서모임이 많으며, 영국, 독일, 오스트리아, 스위스 등 선진국의 주부들은 일반적으로 독서모임을 운영하고 있습니다. 책을 가까이하며 생활을 풍성하게 하고 있습니다. 그리고 세계는 국경을 초월하여 서로 정보를 공유하고, 토론을 할 뿐만 아니라 그 나라 역사를 소개하며 세계의 역사를 창조해 나가고 있습니다. 지구촌시대에 한국교회는 대한민국의 미래를 개척해 나가야 합니다. 감리교회가 앞장서서 길라잡이가 되어야 합니다. 「하늘양식」(부록 포함) 12,000원이면 365일, 「속회공과」(부록 포함) 6,000원이면 52주, 성도를 행복하게 할 수 있습니다. 목사님들이 결단하시면 됩니다.

교회마다 도서관을! 교회마다 웨슬리서점을! 교회마다 독서모임을!
진리는 가까이 있고 쉬운 법입니다. 주여! 감리교회에 희망의 씨앗을 뿌리는 새해(설) 되게 하소서. (2010년 2월)

희망을 뿌리는 감리교회

교회는 주님의 몸입니다(엡 1:23). 반드시 성장해야 하고, 할 수 있습니다. 교회성장과 부흥에는 하드웨어, 소프트웨어가 있어야 합니다. 말씀, 기도, 성령충만이 하드웨어이고, 소프트웨어는 다양한 방법과 전략입니다.

교회성장에서 독서의 중요성을 체험한 지도자라면 각 교회의 형편에 맞는 프로그램을 응용할 수 있어야 합니다.

전주 '시냇가에심은교회'(강대훈 목사)의 독서여행 프로그램이 화제가 되고 있습니다. 2002년 교회설립 후, 한 해 두 차례 방학에 독서여행을 떠나는 것입니다. 올해에는 직장인이 상당수 있어 교회에서 진행했는데, 청년들의 반응이 뜨거웠습니다.

"책을 통해 가슴이 뜨거워지고 영혼이 회복되는 경험을 할 수 있다는 것이 놀랍습니다." 매회 10~20명씩 참여하여 모두 200명이 넘게 동참하였다고 합니다. 훌륭한 저자의 강의를 듣고, 신앙의 유익한 말씀을 묻고 들으며, 찬양과 기도로 시작하여 1시간 독서하고 1시간

30분 토론을 하는 독서여행을 3박 4일, 2박 3일로 진행하는 것입니다.

출판국(도서출판 kmc)이 4년 전부터 외치며 독려하는 160만 감리교회 독서운동 '책만 읽어도'는 교회를 세울 뿐 아니라 자랑스러운 조국 대한민국을 세우는 일이기도 합니다. 날마다 감리회 본부 사무실을 오르내리며 관광을 온 일본인들의 모습을 봅니다. 1층 면세점을 가득 채우는 그들은 외모를 보아도 우리와 비교할 수 없는 섬나라의 왜소함이 있습니다. 그러나 세계 경쟁에서 왜 우리가 밀려야 합니까? 도쿄대학 사료편찬소 도서실에 근무하는 나가미네 시게도니가 쓴 「독서국민의 탄생」은 이에 대한 해답을 제시합니다. 100년 전 일본에는 '책 읽는 국민'이 있었습니다.

19세기 말에서 20세기 초에 이르는 근대 초기에 형성된 독서문화에서 독서국민이 탄생했다는 것입니다. 19세기 말 철도망의 확대로, 1907년 철도 승객이 1억 4,300만 명 정도로 급증하면서 독서는 철도 여행의 무료함을 해소해 주는 수단으로 급속히 확산되었습니다. 정부는 역 구내와 주변을 중심으로 호텔, 여관, 기차대합실, 열차 안 등 곳곳에 여러 신문이나 잡지를 모아 무료로 또는 싸게 열람할 수 있게 한 독서공간을 마련해 독서환경을 조성하였으며, 도서관의 활성화는 독서국민 탄생의 기폭제가 되었습니다.

"독서는 국력이다."라는 말이 있습니다. 그러나 우리나라의 현실은 어떻습니까? IT강국으로 세계 1등이라 하지만 우리나라의 독서는 허접한 오락거리에 밀려나 찬밥신세를 면치 못하고 있습니다. 문화체육관광부가 발표한 2009년 국민독서실태조사에 따르면 우리나라 성인 10명 중 3명은 1년에 책을 한 권도 읽지 않는다고 합니다.

한국교회의 희망은 존 웨슬리의 영성에 있고, 존 웨슬리의 영성은 '책벌레'의 삶에서도 찾을 수 있습니다. 6,000교회 160만 성도에게 절규하며 사랑의 마음으로 부탁드립니다. 감리교회가 국민독서운동에 앞장서야 합니다. 뜻이 있는 곳에 길이 있습니다. 시작하면 됩니다. 한 생명이 천하보다 귀하기에 모든 교회가 동참할 수 있습니다.

'○○교회 부설 책사랑'(冊舍廊)도 좋고 '책사랑방', '북카페'(Book Cafe), '웨슬리 서점'도 좋습니다. 북수원교회(박용호 목사)가 1호가 되고, 세광교회(도준순 목사)가 2호가 되겠습니다. 존 웨슬리의 영성으로 가득 찬 출판국(도서출판 kmc)은 파격적인 가격으로 도서를 공급하고 담임목사님에게 10%의 도서비도 드리겠습니다. 개설예배 시 인증현판도 달아드리겠습니다. 머뭇거리지 맙시다.

교회마다 도서관을! 교회마다 웨슬리서점을! 교회마다 독서모임을! 진리는 가까이 있고 쉬운 법입니다. 할 수 있다! 하면 된다! 해 보자! 주여! 감리교회에 희망의 씨앗을 뿌리는 새 봄이 되게 하소서.

(2010년 3월)

● 제언

'책만 읽어도' 160만 감리교회 독서운동에 참여합시다

1. 교회별로 "책만 읽어도" 독서운동을 시작합니다.

2. 모든 교인이 교회에서 제공한 독서노트를 사용합니다.

3. 한 주간 한 권의 도서를 추천합니다.

4. 모든 기관마다 독서 책임자를 세웁니다.

5. 존 웨슬리에 대한 도서를 필독합니다.

6. 교회의 모든 시상품을 도서로 합니다.

7. 모든 목회자와 임원들은 자랑스러운 감리교회의 정체성 있는 도서를 필독합니다.

8. "책만 읽어도" 독서운동을 시작한 교회는 단체 구입 시 kmc도서를 50% 할인하여 드립니다.

9. 교회별로 독후감을 보내 주시면, 선별하여 개인별로 시상하고 '아름다운 이야기'를 「기독교세계」에 게재하거나 별도의 책으로 만들어 보급합니다.

10. 출판국은 교회의 독서운동을 위해 〈지침안내서〉를 제공합니다.